BIBLIOTHÈQUE DES CURIEUX

ANECDOTES
DE THÉÂTRE

COMÉDIENS-COMÉDIENNES

BONS MOTS DES COULISSES ET DU PARTERRE

En vente à la LIBRAIRIE DENTU

BIBLIOTHÈQUE DES CURIEUX

(1er volume)

ANECDOTES, BONS MOTS

FACÉTIES, CONTES, ÉPIGRAMMES

RECUEILLIS

Par LOUIS LOIRE

1 fort joli volume, 2 fr.; *franco*, 2 fr. 25

LES MŒURS D'AUJOURD'HUI

Par LOUDOLPHE DE VIRMOND

1 vol. gr. in-18 jésus. — Prix : 3 fr.; *franco*, 3 fr. 25

Les Gens qui épousent. — Les Gens qui n'épousent pas. — Les Dames de la petite vertu. — La Vie galante. — Les Intrigues galantes et les Affaires. — Ce que c'est qu'une bonne fortune. — De l'amour à Paris. — Les Mœurs du prochain. — Commérages dans l'atelier d'un artiste. — Le Chapitre des Séducteurs, etc., etc.

LES CENT MANIÈRES D'AIMER

Par LOUDOLPHE DE VIRMOND

3e édition

In-32 jésus. — Prix : 50 c.; *franco*, 60 c.

ŒUVRES COMPLÈTES DE SCRIBE

(environ 50 volumes)

EN VENTE

1re série : Comédies et Drames, 8 vol.
5e série : Proverbes, Nouvelles, Romans, 8 vol.

Un volume paraît chaque mois. — Prix : 2 fr. le volume.

Paris. — Typ. MOTTEROZ, 31, rue du Dragon

BIBLIOTHÈQUE DES CURIEUX

ANECDOTES
E THÉATRE

COMÉDIENS – COMÉDIENNES

BONS MOTS DES COULISSES ET DU PARTERRE

RECUEILLIS

PAR

OUIS LOIRE

> Une lecture amusante est aussi utile à
> la santé que l'exercice du corps.
> ALPH. KARR.

PARIS

E. DENTU, LIBRAIRE-ÉDITEUR

17-19, Palais-Royal, galerie d'Orléans, 17-19

1875

La collection d'Anecdotes de théâtre rassemblées dans ce volume est la plus complète qui ait paru jusqu'à ce jour en un seul ouvrage; nous pouvons faire cet aveu sans mériter d'être accusé de vanité, car notre travail est surtout le produit de minutieuses recherches.

Les *Anecdotes dramatiques*, de Laporte et Clément, offrent une mine qui a été souvent exploitée; mais que de scories pour les rares pépites qu'elles renferment! En outre, cet ouvrage est plutôt un catalogue des pièces représentées sur tous les théâtres dans un temps donné qu'un recueil d'Anecdotes, ce qui le rend d'un médiocre intérêt pour la grande majorité du public.

Les *Mémoires secrets pour servir à l'histoire de la république des lettres* (1) renferment une multitude de documents très-curieux sur les acteurs et les actrices; mais la liberté de leur allure exige qu'on n'y touche qu'avec une grande discrétion. Que voulez-vous? A défaut de vertu, notre siècle aime l'hypocrisie : une tache qui en recouvre une autre.

Nous n'énumérerons pas les *Correspondances littéraires*, les *Cours de littérature*, les *Mémoires*,

(1) C'est ce recueil que nous désignons — pour abréger — sous le nom de Bachaumont, qui en fut le créateur, quoique « ce paresseux aimable » soit mort en 1771, c'est-à-dire au cours de la publication du cinquième volume de cette collection qui en compte trente-six.

les livres de tout genre que nous avons consultés pour former la matière de ces 240 pages, une partie de ce volume n'y suffirait pas.

Afin d'apporter plus de clarté dans le classement de ces Anecdotes, nous nous sommes attaché à suivre — autant qu'il était possible — l'ordre chronologique, ayant soin de placer entre les anecdotes spéciales à chaque artiste des anecdotes diverses : l'esprit, comme le regard, aime la variété. Du reste, pour satisfaire toutes les curiosités, une table alphabétique donne les renseignements indispensables.

Nous ne terminerons pas ces quelques lignes sans adresser tous nos remerciments à la presse parisienne, qui a été pleine de bienveillance pour le premier volume de notre BIBLIOTHÈQUE. Un érudit de la bonne école, M. Emile de la Bédollière, a dit de nos *Anecdotes et Bons Mots* : « Nous « ne croyons pas qu'il y ait un seul recueil d'Anec-« dotes aussi amusant que celui qu'a colligé « M. Louis Loire. Il a glané partout et avec bon-« heur. Il n'a pas renié la gaieté gauloise et les « traditions de Rabelais, de Beroald de Verville « et autres gais conteurs; mais il ne néglige au-« cune occasion de peindre les mœurs et d'ajouter « des touches aux portraits historiques. »

Le troisième volume de la BIBLIOTHÈQUE DES CURIEUX — qui paraîtra en octobre prochain — contiendra les anecdotes relatives aux gens de lettres à toutes les époques de notre histoire.

ANECDOTES DE THÉATRE

COMÉDIENS-COMÉDIENNES

BONS MOTS DES COULISSES ET DU PARTERRE

Mlle CHAMPMESLÉ

La première tragédienne dont on ait conservé un brillant souvenir. Elle était née en 1641, à Rouen, se nommait Marie Desmares et épousa le comédien Champmeslé « qu'elle rendit fameux d'une et d'autre sorte ». Elle eut pour maître Racine, et Racine l'eut pour maîtresse.

Et il n'était pas le seul : le marquis de Sévigné s'était mis de la partie. Mais laissons raconter cette piquante anecdote par un maître en l'art de bien dire, M. E. Deschanel :

« Le marquis de Sévigné avait cependant mal su profiter de la première occasion, justifiant trop le mot de Ninon, qui venait d'en finir avec lui par cette épigramme : « Une vraie citrouille fricassée « dans la neige. » Comme c'est Mme de Sévigné elle-même qui conte la chose à sa fille, le moyen de ne pas y croire ? Heureusement le marquis s'était rattrapé à la seconde entrevue, et Mme de Sévigné, en parlant de la Champmeslé, disait : *Ma belle-fille !* »

Racine avait tenu bon, ou plutôt fermé les yeux, pendant le règne du fils de la célèbre marquise, mais il se retira lors de l'avénement du comte de Clermont-Tonnerre. On fit alors ce quatrain :

> A la plus tendre amour elle fut destinée,
> Qui prit longtemps *racine* dans son cœur ;
> Mais, par un insigne malheur,
> Le *tonnerre* est venu qui l'a déracinée.

M. de La Fare succéda à M. de Clermont-Tonnerre, suivi ou même accompagné de plusieurs autres, parmi lesquels on compte La Fontaine.

Racine se vengea de l'infidèle par un bon mot qu'il adressa à son mari. Boileau a fait sur ce bon — ou méchant — mot, cette gaillarde épigramme :

> De six amants, contents et non jaloux,
> Qui tour à tour servaient madame Claude,
> Le moins volage était Jean, son époux.
> Un jour pourtant, d'humeur un peu trop chaude,
> Serrait de près sa servante aux yeux doux,
> Lorsqu'un des six lui dit : « Que faites-vous ?

Le jeu n'est sûr avec cette ribaude ;
Ah ! voulez-vous, Jean-Jean, nous gâter tous ? »

—

Cette actrice, qui causa tant de chagrin à Racine, ne devait pas posséder une instruction bien étendue si l'on en juge par cette anecdote. Elle demandait un jour au poëte d'où il avait tiré le sujet d'*Athalie*.

— De l'Ancien Testament.

— De l'Ancien Testament? Eh ! mais je croyais qu'on en avait fait un nouveau...

**

Un moyen ingénieux de calmer son désespoir

Aux répétitions de l'opéra d'*Armide*, une actrice qui devait représenter la maîtresse de Renaud ne mettait pas à remplir son rôle toute la flamme, toute la douleur qu'elle devait éprouver.

Une de ses amies, voulant lui donner des conseils, lui disait :

— Si vous étiez abandonnée d'un homme que vous aimeriez tendrement, ne seriez-vous pas pénétrée d'une vive douleur? Ne chercheriez-vous point quelque moyen suprême pour ramener près de vous l'infidèle ?

— Moi ? répondit l'actrice, si j'étais trahie par mon amant, j'en chercherais immédiatement un autre.

MONTFLEURY

Cyrano de Bergerac avait eu une querelle avec Montfleury, et, de sa propre autorité, lui avait défendu de paraître sur le théâtre.

— Je t'interdis, lui avait-il dit, la scène pour un mois.

A deux jours de là Montfleury parut, et voulut jouer son rôle dans la tragédie de *Cloreste*.

Bergerac lui cria, du milieu du parterre, qu'il eût à se retirer s'il ne voulait être bâtonné; et il fallut que Montfleury se retirât.

C'est à propos de Montfleury que Cyrano de Bergerac disait :

— Ce coquin fait le fier, parce qu'il est si gros qu'on ne peut le bâtonner en un jour.

Ce fut ce Montfleury — père de l'auteur de la *Femme juge et partie* — qui avait inventé l'infâme calomnie accusant Molière d'avoir épousé sa propre fille.

Louis XIV, qui avait quelquefois du bon, répondit à cette infâme accusation en se faisant le parrain de l'enfant de l'auteur de *Tartufe*.

DORIMON

C'était un acteur-auteur; sa femme lui adressa

le huitain suivant après la représentation d'une de ses pièces :

> Encore que je sois ta femme,
> Et que tu me doives ta foi,
> Je ne te donne point de blâme
> D'avoir fait cet enfant sans moi.
> Toutefois ne me crois pas busc :
> Je connais le sacré vallon,
> Et, si tu vas trop voir ta muse,
> J'irai caresser Apollon.

Il paraît, d'après les chroniqueurs, qu'Apollon n'eût pas été très-flatté de recevoir les caresses de la dame.

Mlle MOLIÈRE

On venait de jouer le *Concert ridicule* de Palaprat. Mlle Molière (on nommait alors mademoiselle toute femme mariée qui n'était pas noble) rentrait dans sa loge après avoir joué dans cette comédie, lorsque le président Hescot, du parlement de Grenoble, y entra avec elle, puis se mit à lui faire des reproches pour avoir manqué à un rendez-vous qu'elle lui avait donné.

Je passe les protestations de tendresse qui suivirent.

Armande Béjart, alors Mlle Molière, était stupéfaite. Elle répondit avec une aigreur qu'on comprendra quand on saura que cette dame n'avait jamais vu ce monsieur.

Le président perd toute retenue ; il traite la comédienne de dernière des créatures et veut lui arracher un collier qu'il dit lui avoir donné.

Ce scandale attire les comédiens, à leur suite le commissaire, et l'on finit par conduire le président au poste.

Voici ce qui s'était passé :

Le président Hescot avait fait confidence de sa passion pour Mlle Molière à une entremetteuse nommée la Ledoux, et celle-ci n'avait pas trouvé de meilleur moyen de satisfaire la passion du président que de lui donner une fille qui ressemblait extraordinairement à l'actrice.

La Ledoux et la Tourelle — c'était le nom de la fausse Molière — furent fustigées devant la porte du Théâtre-Français.

*
* *

Ce que le prince de Condé pensait des règles d'Aristote.

L'abbé d'Aubignac avait fait une tragédie en prose, *Zénobie,* qu'il donna « comme un modèle des préceptes d'Aristote », et qui n'ennuya pas médiocrement les spectateurs.

— Parbleu ! s'écria le prince de Condé, à qui l'on racontait ce propos, je sais bon gré à d'Aubignac d'avoir si bien observé les règles d'Aristote, mais je ne pardonne pas à Aristote d'avoir fait faire à ce pauvre d'Aubignac une si déplorable tragédie.

BARON

La mère de Baron était comédienne, et, en outre, la plus jolie femme de son temps. On dit que lorsqu'elle se présentait pour avoir l'honneur d'assister à la toilette de la reine-mère, qui avait pour elle beaucoup d'affection, Sa Majesté disait à ses dames d'atour :

— Voilà la Baron !

Et toutes s'en allaient.

L'acteur Baron était fort distrait : un jour, pressé par l'heure du spectacle, où il avait un rôle très-important à remplir, il prend une de ces voitures à bras très en usage à cette époque.

L'homme qui la tirait ne marchant pas assez vite à son gré, Baron sort de la voiture et se met à la pousser avec vigueur.

Dans sa distraction, il croyait, en employant ce moyen, arriver plus vite à son théâtre.

Cet excellent comédien avait autant de vanité que de talent :

— Tous les cent ans, disait-il, on voit un César ; il en faut mille pour produire un Baron.

Son cocher et son laquais furent battus par les gens du marquis de Biron.

Il alla trouver ce seigneur et lui dit :

— Monsieur le marquis, vos gens ont battu les miens ; je vous en demande justice.

Le marquis, choqué du parallèle, lui répondit :

— Mon pauvre Baron, que veux-tu que je te dise? Pourquoi as-tu des gens?

Baron était un homme à bonnes fortunes.

Une duchesse — Bouhier dit dans ses *Souvenirs* que c'était M{^lle} de La Force — le recevait avec mystère toutes les nuits.

Baron se présente un jour de réception chez la grande dame, qui lui demande d'un ton impertinent ce qu'il y vient faire.

L'acteur lui répond avec un grand sang-froid :

— Madame, je viens chercher mon bonnet de nuit.

BRÉCOURT

Il embrassa de très-bonne heure la profession de comédien et joua quelques années en province dans différentes troupes, jusqu'au moment où il entra dans celle de Molière, qu'il suivit à Paris.

En 1658, étant à la chasse du roi, à Fontainebleau, Brécourt eut une scène assez dramatique à jouer avec un sanglier, qui, l'ayant saisi à la botte, ne le voulait pas lâcher ; mais le comédien, ne perdant pas son sang-froid, avait fini par tuer la bête furieuse en lui enfonçant son épée jusqu'à la garde dans le corps.

Le roi le complimenta en lui disant qu'il n'avait jamais vu donner un si vigoureux coup d'épée.

Brécourt a fait quelques pièces très-médiocres; aussi a-t-on dit de lui :

— Cet excellent comédien ne fut jamais qu'un mauvais auteur.

Une dame peu érudite

Elle possédait une galerie de tableaux de grands maîtres, parmi lesquels un dont elle ne pouvait s'expliquer le sujet.

Une personne lui dit un jour que ce tableau représentait le sacrifice d'Iphigénie en Aulide.

— Y pensez-vous? répond-elle avec une légère ironie; voilà plus d'un siècle que ce tableau est dans ma famille, et il n'y a pas dix ans que M. Racine a donné sa tragédie!

DOMINIQUE

CASTIGAT RIDENDO MORES

(La comédie châtie les mœurs en riant.)

Dominique, l'Arlequin du Théâtre-Italien, voulait avoir une inscription pour la mettre sur le piédestal d'un buste de son personnage; il désirait beaucoup que Santeuil la lui fît, mais il craignait un refus.

Voici, après réflexion, le moyen qu'il employa :

Il revêt son habit d'Arlequin, prend une chaise à porteurs, se fait transporter chez Santeuil, heurte, entre, et ayant jeté son manteau à terre, se met à faire les contorsions du personnage qu'il représente, prend des postures plaisantes, saute, bondit en véritable clown.

Santeuil s'étonne d'abord ; mais son naturel plaisant l'emportant, il se met à imiter le personnage qu'il a devant lui, saute, cabriole et finit par embrasser Dominique, qui profite de cette bonne disposition pour lui soumettre sa requête.

Santeuil lui fit sur-le-champ l'épigraphe demandée : *Castigat ridendo mores.*

Une amphibologie

Le roi-soleil avait mandé Dominique pour qu'il l'égayât pendant son repas par ses lazzis ; on servit deux perdrix magnifiques sur un plat en or pur. Comme Arlequin lançait dessus des regards de convoitise, le roi, croyant que ces regards s'adressaient à l'excellent gibier, dit à un garçon de service :

— Donnez ce plat à Dominique.

— Quoi, sire, s'écria celui-ci, et les perdrix aussi ?

Le roi sourit et dit :
— Et les perdrix aussi.

Comment les comédiens italiens purent parler français

Les acteurs de la Comédie-Française voulaient empêcher ceux de la Comédie-Italienne de parler français. Cette affaire fut portée devant Louis XIV, qui entendit les avocats des deux troupes : Baron et Dominique.

Lorsque Baron eut plaidé la cause de ses camarades, le roi fit signe à Dominique de parler à son tour.

Cet acteur dit au roi :

— Quelle langue Votre Majesté veut-elle que je parle?

— *Parle comme tu voudras*, dit le roi.

— Je n'en veux pas davantage, répond Dominique; ma cause est gagnée.

Le roi, après avoir ri de l'interprétation donnée à sa parole, dit :

— La parole est lâchée, je ne la retirerai pas.

Quelques boutades d'Arlequin

Dans une comédie italienne, Arlequin, parlant de la noblesse, dit :

— Si Adam s'était avisé d'acheter une charge

de secrétaire du roi, nous serions tous gentilshommes.

Il ajoutait quelques instants après :

— Autrefois les gens de qualité savaient tout sans jamais avoir rien appris ; à présent ils apprennent tout et ne savent rien.

———

Arlequin, obligé de raconter la mort de son père, disait :

— Hélas ! dispensez-m'en ; le pauvre homme mourut de chagrin de se voir pendre.

———

Un jour qu'il n'y avait presque personne à la Comédie-Italienne, Colombine avait à lui dire quelques mots tout bas :

— Parlez haut, lui dit Arlequin, car personne ne nous entend.

———

Quand la musique fut défendue aux Italiens, Arlequin amena sur la scène un âne qui se mit à braire :

— Taisez-vous, insolent ! lui dit Arlequin : la musique nous est interdite.

———

L'inimitable Carlin, dans un de ces rôles où les acteurs improvisaient une partie du dialogue, entendant son maître faire la plus amère critique des hommes, lui dit :

— Et les femmes, monsieur, qu'en dites-vous ?
— Les femmes ? ah ! c'est encore pis.
— Si bien, conclut Carlin, que nous serions parfaits si nous n'étions ni hommes ni femmes.

MEZZETIN

Cet acteur de la Comédie-Italienne ayant fait une pièce, il la dédia au duc de Saint-Aignan, qui récompensait généreusement les auteurs qui lui adressaient leurs ouvrages.

Mezzetin, dans l'intention de recevoir la récompense qu'il espérait, se présente chez le duc ; le suisse ne veut pas le laisser entrer. L'auteur le séduit en lui promettant le tiers de la somme qui lui sera donnée. Le premier laquais et le valet de chambre font les mêmes difficultés, qui sont aplanies par les mêmes promesses.

Admis devant M. de Saint-Aignan, Mezzetin lui dit :

— Monseigneur, voici une pièce de théâtre que je prends la liberté de vous dédier ; si vous pensez qu'elle mérite une récompense, je vous prie de me faire donner cent coups de bâton.

— Comment, cent coups de bâton ?

— Oui, monseigneur, et voici mes raisons : j'ai promis à votre suisse, à votre premier laquais et à votre valet de chambre de donner à chacun d'eux le tiers de ce que je recevrais ; le tout leur est acquis, faites-leur distribuer ma gratification.

M. de Saint-Aignan rit beaucoup de l'idée. Après avoir admonesté vertement ses domestiques, il envoya cent louis à la femme de Mezzetin, ce qui le mettait à l'abri du reproche d'avoir manqué à sa parole.

Un trompeur trompé

Dans une scène d'une comédie italienne, Mezzetin se présente sur le théâtre en cachant quelque chose sous son manteau.

Arlequin lui demande :

— Que portes-tu ?

— Un poignard, dit Mezzetin.

Arlequin cherche et découvre une bouteille. Il la boit, la rend ensuite à son propriétaire en lui disant :

— Tiens, voilà le fourreau.

Ce que signifiait une collection de P

L'abbé Pellegrin, auteur de *Pélopée,* tragédie que l'on venait de jouer sans succès, se promenait au Luxembourg avec un ami.

Le vent pousse vers eux une feuille de papier sur laquelle il n'y avait que des pp, probablement une feuille détachée du cahier d'un écolier.

L'ami ramasse la feuille, et la montrant à l'abbé :

— Devinez ce que signifient tous ces *p p* ?

— C'est tout simplement l'exercice d'un élève, répond Pellegrin.

— Vous vous trompez, dit son ami. Voici le sens de tous ces P : *Pélopée*, Pièce Pitoyable, Par Pellegrin, Poëte, Pauvre Prêtre Provençal.

La chronique ne nous dit pas quelle mine faisait l'abbé Pellegrin.

POISSON (RAIMOND)

Ce célèbre Crispin était fort estimé dans le monde, et Colbert avait été le parrain d'un de ses enfants.

Le fils grandit, et Poisson sollicitait depuis assez longtemps un emploi pour ce filleul, que le parrain refusait toujours.

Un jour, rendant visite à Colbert, qui était à table en grande compagnie, Poisson dit au ministre qu'il allait prendre la liberté de lui lire quelques vers.

Colbert, qui n'aimait pas les adulations, le pria instamment de ne point lui lire ces vers :

— Vous n'êtes faits, vous autres poëtes, ajoutat-il, que pour nous incommoder de la fumée de votre encens.

— Monseigneur, répondit Poisson, je vous assure que celui-ci ne vous fera point de mal à la tête.

M. de Maulevrier et toute la compagnie, impatients d'entendre les vers de Poisson, prièrent Colbert de les lui laisser dire ; le ministre se laissa fléchir, à la condition que ces vers ne renfermeraient pas de louanges.

Poisson commença :

> Ce grand ministre de la paix,
> Colbert, que la France révère,
> Dont le nom ne mourra jamais...

— Poisson, interrompit le ministre, vous ne tenez pas votre parole ; assez.

La compagnie insista, et Poisson le pria avec tant d'instances que Colbert lui permit d'achever :

> Eh bien, tenez, c'est mon compère :
> Fier d'un honneur si peu commun,
> On est surpris si je m'étonne
> Que de deux mille emplois qu'il donne
> Mon fils n'en puisse obtenir un.

Colbert aimait les gens d'esprit ; Poisson fils eut un emploi de contrôleur général des aides.

DANCOURT

Dancourt avait été avocat, aussi était-il toujours

chargé par ses camarades de porter la parole en leur nom dans les grandes circonstances.

Apportant un jour le tribut que les comédiens devaient aux pauvres, il prononça un fort beau discours dans lequel il s'efforçait de prouver que les comédiens — par les secours qu'ils procuraient aux hôpitaux — méritaient d'être à l'abri de l'excommunication.

L'archevêque de Paris et le président de Harlay ne furent pas sensibles à la harangue :

— Dancourt, répondit le président, nous avons des oreilles pour vous entendre, des mains pour recevoir les aumônes que vous faites aux pauvres, mais nous n'avons point de langue pour vous répondre.

—

Quand une pièce de Dancourt ne réussissait pas, — ce qui arrivait assez souvent, — il allait noyer son chagrin dans les pots au cabaret de la *Cornemuse*.

Un jour une de ses filles — qui devint une brillante actrice connue au théâtre sous le nom de Mimi — assistait à la répétition d'une pièce de laquelle Dancourt espérait beaucoup.

— Mimi, lui dit-il, que penses-tu de ceci?

— Ah! papa, répondit-elle, vous irez souper à la *Cornemuse*.

—

Le marquis de Sablé était venu au théâtre, à

peu près ivre, un jour où l'on jouait l'*Opéra de village*, pièce de notre acteur-auteur. En entendant chanter ces deux vers :

> En parterre, il bout'ra nos prés ;
> Choux et poireaux seront *sablés*,

le noble ivrogne s'imagina que Dancourt avait voulu l'insulter, et comme ces personnages avaient le droit d'occuper la scène, il se leva en fureur et lui donna un soufflet.

Dancourt dut dévorer cet affront ; il était comédien, il aurait perdu son état, c'est-à-dire ses moyens d'existence.

* * *

Une anecdote théâtrale de Mme de Sévigné

Il ne faut rien moins que le nom de la célèbre marquise pour que nous nous permettions de répéter cette anecdote ; voici comment elle s'exprime :

« On me contait l'autre jour qu'un comédien voulait se marier, quoiqu'il eût un certain mal. Un camarade lui dit :

« — Eh ! morbleu ! attends que tu sois guéri, tu nous perdrais tous.

« Cela — ajoute la marquise — me parut faire épigramme. »

Où l'on prouve que les *a parte* sont vraisemblables

La Fontaine, Boileau et Molière discutaient sur

les *a parte*, dans les pièces de théâtre, que le fabuliste déclarait invraisemblables; pendant sa péroraison, Boileau, qui était à côté de lui, disait tout haut : .

— Le butor de La Fontaine! l'extravagant, l'entêté que ce La Fontaine!

Et La Fontaine poursuivait sans l'entendre; mais voyant tout le monde rire, il s'informa du motif de cette hilarité.

— Vous déclamez, lui dit Boileau, contre les *a parte*, et voilà une heure que je vous débite aux oreilles une kyrielle d'injures sans que vous y ayez fait attention.

—

Un spectateur peu poli

Une débutante au Théâtre-Français, dont les talents étaient médiocres et la figure désagréable, jouait le rôle d'Andromaque et le jouait mal.

Un spectateur, grand admirateur de Racine, souffrait d'entendre estropier les vers de son poëte favori; à la fin, n'y tenant plus, lorsque l'actrice prononça ce vers d'Andromaque à Pyrrhus :

Seigneur, que faites-vous? et que dira la Grèce?

le grincheux s'écrie tout haut :

Que vous êtes, madame, une laide bougresse!

Puis il sort au milieu des rires, des battements de mains, laissant la pauvre actrice toute décontenancée.

Un manque de mémoire

A une représentation de *Britannicus*, une actrice qui avait à dire ce vers :

> Mit Claude dans mon lit et Rome à mes genoux,

se trompa et dit :

> Mit Rome dans mon lit et Claude à mes genoux.

La demoiselle était renommée pour sa galanterie ; les applaudissements furent frénétiques.

Mlle BEAUPRÉ

Cette comédienne de la troupe du Marais avait eu une querelle avec une de ses camarades, Mlle Catherine des Urlis ; elle résolut de se mesurer avec Catherine l'épée à la main ; cette dernière accepta le défi, et le théâtre parut à toutes deux le rendez-vous le plus convenable pour vider le différend.

Ce fut au dénoûment du *Cocu battu et content*, comédie de Raymond Poisson, qu'elles se battirent. La chronique ne dit pas si le combat fut meurtrier ; ce qui nous fait conjecturer qu'il fut ce qu'il devait être : fort plaisant.

Mlle Marotte Beaupré était fort jolie « et sage au par-dessus », dit Robinet.

Mlle DUCLOS

Quelqu'un disait un jour à cette actrice :

— Je parie, mademoiselle, que vous ne savez pas votre *Credo*.

— Ah! ah! dit-elle, je ne sais pas mon *Credo!* Je vais vous le réciter.

Et elle commence :

— *Pater noster, qui...* Tiens, je ne me rappelle plus le reste.

—

A la première représentation d'*Irène*, quand les enfants parurent sur la scène, toute la salle partit d'un grand éclat de rire.

Mlle Duclos s'indigne; elle s'avance vers le parterre et lui jette au nez cette apostrophe :

— Ris donc, sot de parterre, à l'endroit le plus touchant de la tragédie.

Et le parterre, qui était de joyeuse humeur, loin de se fâcher, applaudit à outrance la tragédienne.

—

Le parterre redemandait l'*Ariane* de Thomas Corneille, lorsque Dancourt vint annoncer une autre pièce pour le lendemain; mais le parterre ne voulait pas entendre raison.

La tâche de l'orateur était assez scabreuse : *Ariane* était le triomphe de Mlle Duclos; malheureusement, elle était chargée d'un certain fardeau qu'elle n'avait pas reçu des mains de l'hymen, et qui touchait au terme prescrit par la nature.

C'était cet état qu'il fallait avouer au parterre sans blesser la délicatesse de l'actrice, de laquelle il savait qu'il serait entendu.

Lorsque le tumulte et les cris eurent cessé, Dancourt s'avance, fait des excuses, force compliments, parle d'une maladie de M{}^{lle} Duclos, et, par un geste adroit, il désigne le siége du mal.

A l'instant, l'actrice, qui ne perdait ni une de ses paroles, ni un de ses gestes, s'élance des coulisses sur le théâtre, applique un soufflet sur la joue de l'orateur, et se tournant vers le parterre avec le même feu, elle dit :

— A demain, *Ariane*.

Ce que peut faire une plaisanterie

On jouait *Argélie*, tragédie de l'abbé Abeille ; une plaisanterie assez anodine le poursuivit toute sa vie et même après sa mort. Dans cette tragédie, deux princesses occupent la scène ; la première dit à l'autre :

Vous souvient-il, ma sœur, du feu roi notre père ?

L'actrice qui devait donner la réplique reste muette, un plaisant du parterre répond pour elle :

Ma foi, s'il m'en souvient, il ne m'en souvient guère.

Cet à-propos fit éclater un rire général et la

pièce ne put continuer. Ce vers poursuivit l'abbé Abeille jusqu'au tombeau ; on lui fit cette

ÉPITAPHE

Ci-gît un auteur bien fêté,
Qui veut aller tout droit à l'immortalité ;
Mais sa gloire et son corps n'ont qu'une même bière ;
Et lorsqu'Abeille on nommera,
Dame Postérité dira :
« Ma foi, s'il m'en souvient, il ne m'en souvient guère. »

Un vilain visage

Du Mirail était un comédien de talent et de mérite ; malheureusement la nature avait été une marâtre à l'égard de son physique.

Un soir où il jouait Mithridate dans la tragédie de ce nom, au moment où Monime lui dit :

... Seigneur, vous changez de visage,

un plaisant s'écria :

— Laissez-le faire, il ne peut qu'y gagner !

Mlle MAUPIN

La vie de cette cantatrice fut un roman dont toutes les parties ne pourraient pas être racontées ; elle possédait l'énergie et les passions d'un homme avec toute la beauté merveilleuse d'une femme ; elle maniait l'épée aussi bien que l'éventail ; c'est ce que vont prouver ces deux anecdotes :

Son camarade Dumesnil ne la ménageait pas dans ses propos ; elle résolut de l'en punir.

Une nuit, elle l'attendit sur la place des Victoires ; elle s'était habillée en homme, avec un grand chapeau rabattu sur les yeux, et, lui barrant le passage, sans se faire connaître, mit l'épée à la main. Comme Dumesnil ne voulut pas en faire autant, elle remit l'épée au fourreau, et, avec une canne dont elle s'était munie, elle lui administra une copieuse bastonnade, puis lui prit sa montre et sa tabatière.

Le lendemain Dumesnil racontait qu'il avait été attaqué par trois affreux bandits qui l'avaient dévalisé.

— Tu en as menti, lui dit Maupin ; les trois grands bandits, c'était moi toute seule, qui t'ai largement rossé quand tu as refusé de croiser l'épée avec moi ; pour preuve de ce que je dis, voici ta montre et ta tabatière, que je te rends.

—

C'était une enragée duelliste. Un jour, dans un bal public, une dame eut à se plaindre des hardiesses de la Maupin, qui était vêtue en homme. La dame était accompagnée de trois cavaliers, qui provoquèrent la Maupin.

On sort pour vider la querelle ; la Maupin se bat et tue successivement les trois hommes, puis rentre au bal poursuivre ses entreprises galantes. C'est la légende qui le dit.

— .

A la suite de cette affaire, elle crut devoir s'éloigner ; elle s'en alla à Bruxelles, devint la maîtresse de l'électeur de Bavière qui la quitta au bout de quelque temps pour la comtesse d'Arcos, et chargea le mari de cette dame de porter une bourse de 40,000 francs à l'abandonnée.

— Gardez cela pour vous, dit-elle à ce... mari ; ce n'est pas trop pour payer le joli métier que vous faites.

Elle mourut jeune, à trente-quatre ans, mais vieille d'aventures, de scandales... d'ennui, et se réconcilia avec Dieu.

LEGRAND

Ce fut lui qui eut l'honneur de produire Adrienne Lecouvreur sur la scène, et le bonheur de l'initier à un autre jeu que celui du théâtre ; quelques détails biographiques sur ce personnage intéresseront nos lecteurs.

Ce fut un acteur assez médiocre et un auteur très-fécond. Ses pièces ne manquent pas d'esprit, mais il les faisait avec trop de rapidité.

Legrand était loin d'avoir un physique avantageux. Le parterre — ce juge souverain de l'époque

— lui était hostile; mais Legrand, qui avait du sang-froid et de la repartie, ne craignait pas d'engager des colloques avec le public.

Un jour, après avoir joué un rôle tragique important, pour lequel on ne lui avait pas ménagé les sifflets, il termina ainsi un discours adressé au parterre :

— D'ailleurs, messieurs, il vous est plus aisé de vous faire à ma figure qu'à moi d'en changer.

On applaudit.

—

Après qu'il eut donné quelques pièces qui annonçaient que l'acteur était doublé d'un auteur qui ne manquait pas de talent, le public le prit en affection, comme il en donna la preuve dans la circonstance suivante :

On jouait *Phèdre;* le parterre accueillait fort mal tous les acteurs; Legrand, entendant le tumulte, du foyer où il était, s'élance sur la scène et dit au public :

— Messieurs, j'ai entendu vos plaintes; je suis fâché que mes camarades les excitent; mais que direz-vous donc quand vous saurez que moi, moi qui ai l'honneur de vous parler, je dois remplir le rôle de Thésée !

Cette saillie fut reçue par de longs applaudissements.

—

Le public est inconstant : vers la fin de sa vie,

il jouait le rôle de maître Robert dans une de ses pièces, — les *Amazones modernes*, je crois; — dans un monologue, il s'adressait ces paroles :

« Ah! maître Robert, vous n'êtes qu'un imbécile. »

— Bravo! bravo! comme c'est vrai! cria le parterre.

Et ce n'était pas vrai du tout, comme on peut s'en assurer en lisant son œuvre.

À propos du sifflet

Orphée, opéra de Lulli, n'eut point de succès.

Comme on avait interdit le sifflet au parterre, un spectateur s'en vengea par ce rondeau pas mal troussé :

Le sifflet défendu ! quelle horrible injustice !
Quoi donc? impunément un poëte novice,
Un musicien fade, un danseur écloppé
Attraperont l'argent de tout Paris dupé !
Et je ne pourrai pas contenter mon caprice!
Ah! si je siffle à tort, je veux qu'on me punisse.
Mais siffler à propos ne fut jamais un vice,
Non, non, je sifflerai : l'on ne m'a pas coupé
         Le sifflet.

Un garde à mes côtés, planté comme un Jocrisse,
M'empêche-t-il de voir ces danses d'écrevisse,
D'ouïr ces sots couplets et ces airs de jubé?
Dussé-je être, ma foi, sur le fait attrapé,
Je le ferai jouer, à la barbe du suisse,
         Le sifflet.

ADRIENNE LECOUVREUR

Comment Adrienne Lecouvreur devint comédienne

Laplace raconte ainsi ses débuts dans la vie et au théâtre :

« Le comédien Legrand avait une jeune et jolie maîtresse, à laquelle il était fort attaché, et qui, ayant un jour disparu de chez lui, le plongeait dans les inquiétudes les plus vives, lorsque, environ un mois après, il reçut un billet de la part du marquis de Courtanvaux, qui l'invitait à dîner.

« Qu'on se peigne la figure de Legrand, lorsqu'à table il reconnut sa maîtresse à côté du marquis, et superbement vêtue !

« Il avait trop d'esprit et d'usage du monde pour ne pas sentir que le seul rôle qu'il eût à jouer en pareil cas était celui de la résignation et de la plaisanterie : aussi se borna-t-il, en sortant de table, assez tard, à supplier le marquis de lui accorder, par forme de réparation, la grâce d'accepter un dîner chez lui, à quelques jours de là, avec son ancienne maîtresse.

« Au jour indiqué, les deux conviés, arrivés chez Legrand, furent à leur tour bien surpris de voir le comédien leur présenter, avec gravité, une petite fille très-simplement mise, et supplier humblement M. le marquis de permettre qu'elle prît place à table avec la compagnie.

« — Ah ! ah ! s'écria le marquis, quelle est donc

cette enfant, mon cher amphitryon? La fille de ta cuisinière apparemment, ou celle de ta ravaudeuse?

« — Nenni, reprit le comédien; c'est la nièce de ma blanchisseuse, c'est-à-dire la cousine germaine de la belle dame qu'il vous a plu de m'enlever; elle réunit maintenant toutes mes affections pour la famille, et peut seule me consoler d'avoir perdu sa parente; car, s'écria-t-il, en parodiant le vers de *Thésée* de Quinault :

C'est le sort de Legrand de s'enflammer pour elle !

« Ce dîner, comme on l'augure, fut très-gai et fut suivi de plusieurs autres.

« Legrand s'attacha à la petite blanchisseuse, lui donna de l'éducation, l'envoya débuter à Strasbourg, lui ouvrit les portes de la Comédie-Française, et appela le public à saluer une grande actrice qui s'appelait Adrienne Lecouvreur. »

Elle ne s'arrêta pas là. Après Legrand vint le chevalier de Rohan, puis Voltaire, lord Peterborough, le maréchal de Saxe, « sans compter, dit M. Arsène Houssaye, celui qui fut le père de sa première fille, sans parler de celui qui fut le père de la seconde; car, si on cherchait bien, on trouverait, à ce qu'il paraît, beaucoup de descendants de l'illustre comédienne; par exemple, le mathématicien Francœur ».

On sait que lorsque Maurice de Saxe voulut

reconquérir son duché de Courlande, manquant d'argent, il accepta d'Adrienne 40,000 livres qu'elle avait réalisées en vendant ses diamants et sa vaisselle.

—

On a dit qu'Adrienne avait été empoisonnée par la duchesse de Bouillon ; c'est une opinion que partage Alexandre Dumas. M. Arsène Houssaye dit qu'il « ne faut guère croire au roman dont on a fait un drame. Mlle Lecouvreur mourut tout prosaïquement d'une forte dose d'ipécacuanha que lui administra un médecin qui ne croyait pas qu'on pût mourir avec un remède si harmonieux ».

Le jour de sa mort, dit Michelet, cette célèbre maîtresse du maréchal de Saxe reçut la visite d'un vicaire de Saint-Sulpice.

— Je sais ce qui vous amène, dit-elle à l'abbé. Vous pouvez être tranquille ; je n'ai pas oublié vos pauvres dans mon testament.

Puis dirigeant le bras vers le buste du maréchal de Saxe :

Voilà mon univers, mon espoir et mes dieux.

—

La sépulture ecclésiastique lui fut refusée. Elle fut enterrée clandestinement, à une heure du matin, près des bords de la Seine, au coin de la rue de Bourgogne.

DUFRÊNE

A une représentation de *Childéric*, tragédie de Morand, Dufrêne parlait d'un ton très-bas. Un des spectateurs, impatienté de ne pas entendre, lui crie :

— Plus haut !

Mais l'acteur, qui s'était un peu trop identifié avec son rôle de roi, répond sans s'émouvoir :

— Et vous plus bas.

Le parterre s'indigne ; tumulte. La police intervient et ordonne que Dufrêne fera des excuses. Cet acteur souscrit à regret à ce jugement ; il s'avance sur le bord de la scène et dit :

— Messieurs, je n'ai jamais mieux senti la bassesse de mon état que par la démarche qu'on me force à faire aujourd'hui.

Ce début pouvait amener un nouvel orage ; mais le parterre, plus occupé de la soumission d'un acteur qu'il aimait que des paroles qu'il venait de prononcer, l'interrompit par ses applaudissements.

—

Dufrêne disait « modestement », en parlant de lui :

— On me croit heureux ; erreur populaire. Je préférerais à mon état celui d'un gentilhomme qui mangerait tranquillement ses douze mille livres de rentes dans son vieux castel.

Il était si rempli de vanité que pour payer un fiacre ou des porteurs de chaise, il se contentait de faire un signe et de dire d'un air dédaigneux à son valet :

— Qu'on paye ces malheureux.

———

Quand il ne voulait pas jouer, il disait à son domestique :

— Champagne, allez dire à ces gens-là que je ne jouerai pas.

Sa femme, Mlle de Seyne, l'appelait par ironie « le fils des dieux ».

Un homme franc

Un acteur chantait d'une voix mal assurée, dans *Coronis*, opéra, un couplet qui commençait par : *Je viens...*

Ne se souvenant plus de la suite, il répétait son : *Je viens...* Un plaisant ajoute :

— Du cabaret.

— Ma foi oui, dit naïvement le chanteur.

Et l'on applaudit à cette saillie.

———

Un exemple à suivre

Des acteurs ayant représenté Louis XII d'une façon peu avantageuse sur le théâtre, les courtisans engageaient le souverain à sévir contre eux :

— Non, dit-il, ils me rendent justice en me croyant digne d'entendre la vérité.

ARMAND

Cet acteur, qui se nommait Huguet, ne porta jamais que le nom d'Armand, en l'honneur du duc de Richelieu, qui avait été son parrain.

Il était d'une humeur gaie et facétieuse ; voici une anecdote qui le prouve :

Se divertissant avec des amis, il survint un fâcheux de leur connaissance qui, après avoir soupé à leurs dépens, demanda que l'un d'eux lui offrît l'hospitalité pour la nuit. Chacun s'en défendit et battit en retraite.

Armand, resté seul avec ce personnage dont il connaissait l'humeur irascible, et voulant éviter une affaire, promit de lui faire partager son lit.

C'était par une belle nuit d'été.

Armand conduit le fâcheux à la promenade. Là, il avise un arbre gigantesque qui lui semble propre à réaliser son projet.

Après avoir mis son épée en bandoulière, défait ses souliers, il grimpe au haut de l'arbre, s'y établit le plus commodément possible, et semble s'apprêter à dormir.

L'importun, qui ne comprend rien à ce manége, lui demande quel est son projet.

— Je loge ici, répond Armand, et je vous invite à partager mon lit.

L'homme s'en alla en maugréant.

—

Buvant un jour avec deux camarades, il leur annonça une historiette qui allait les faire pleurer d'indignation :

— Figurez-vous, mes bons amis, un gentilhomme qui recueille chez lui un misérable, auquel, par la suite, il veut donner sa fille avec tout son bien. Le coquin, pour récompenser son bienfaiteur de toutes ses bontés, veut séduire sa femme, le chasser de sa propre maison, et va lui-même chercher un exempt pour l'arrêter.

— Ah! le coquin! ah! le monstre! le scélérat! s'écrient les convives quelque peu émus — peut-être par autre chose que le récit.

Et en disant cela, ils fondaient en larmes.

Armand, continuant avec le sang-froid qui le rendait si plaisant, leur dit :

— Là, là, consolez-vous, séchez vos larmes. Mon gentilhomme en fut quitte pour la peur. L'exempt lui dit :

Remettez-vous, monsieur, d'une alarme si chaude.

— Que diable! s'écrie l'un des camarades, c'est le sujet de *Tartufe* que tu nous débites?

— Eh! oui, mes amis, répond Armand, c'est le sujet de *Tartufe;* mais vous ne vous en aperceviez pas d'abord; ce qui prouve que ceux qui prétendent que nombre de comédiens ne connaissent que leurs rôles dans les pièces qu'ils jouent, se trompent peu.

Un financier dans le ciel

Un machiniste, fort joli garçon, était amoureux fou de Mlle Saulnier, qu'un Turcaret poursuivait de ses hommages jusque dans les coulisses, ce qui exaspérait l'homme aux machines.

Pendant un entr'acte, le fermier général s'était approché de Mlle Saulnier, qui venait de s'installer dans « un nuage »; il monte pour lui baiser la main avant son départ pour la voûte azurée; aussitôt le malin machiniste donne le signal pour lever la toile, et le public voit Minerve, à côté d'un monsieur, en perruque et en gilet mordoré, monter vers les frises.

Le lendemain, la corporation du financier voulait l'exclure « de son sein ».

GRANDVAL

Une femme du grand monde s'était engouée de cet acteur.

Lui montrant un jour les portraits de sa famille

qui ornaient l'appartement dans lequel ils se trouvaient, elle s'écria :

— Ah! Grandval, que diraient ces héros s'ils me voyaient entre vos bras?

— Ils diraient, répondit l'impudent vainqueur, que vous êtes une c....

***

On ne rend pas l'argent quand la toile est levée

Voici « l'incident » qui a fait d'un avis au public un proverbe; son origine ne peut manquer d'intéresser nos lecteurs.

Il était d'usage jadis, à l'Opéra, de rendre l'argent aux personnes qui voulaient quitter la salle avant la fin du prologue.

Cette facilité ayant donné lieu à des abus, l'administration du théâtre l'abolit et afficha sous le péristyle l'avis qui sert de titre à cette anecdote.

Une des célébrités du séduisant aréopage, Mlle d'Azincourt, vendit à un « amateur » un bijou qu'elle prétendait posséder encore; nous ne nommerons pas ce bijou, tout le monde devinera de quoi il s'agit.

Mais le Mondor qui avait payé très-cher et d'avance trouva que « l'oiseau rare » avait été déniché; il voulut se faire rendre une partie de la somme comptée; comme la demoiselle n'entendait pas de cette oreille, les deux parties convinrent, pour éviter un scandale, de s'en rapporter à la décision de Mlle Cartou, que l'on considérait être d'une compétence rare en matière de galanterie.

Après avoir entendu les explications du financier et de... l'actrice, la Thémis de canapé rendit cet arrêt :

« Lorsque la loi s'exprime en termes clairs et précis, il suffit au juge d'en faire l'application. Nous sommes en pays de droit écrit; notre Code est buriné sur les murs de l'Opéra; il s'applique admirablement en l'espèce à l'affaire qui vous amène devant moi; voyez et lisez :

« *On ne rend pas l'argent quand la toile est levée.* »

Où l'on ne trouvait pas d'embarras

L'Opéra de l'*Embarras des richesses*, de d'Allainval, n'ayant eu que très-peu de succès, un rimeur fit le couplet suivant :

> Embarras d'intérêt,
> Embarras de paroles,
> Embarras de ballet,
> Embarras dans les rôles;
> Enfin, de toute sorte
> On n'y voit qu'embarras;
> Mais allez à la porte
> Vous n'en trouverez pas.

Mlle GAUSSIN

Elle aimait Helvétius pour sa beauté et sa distinction. Un soir, au foyer, pendant un entr'acte, Helvétius était là près d'elle, pérorant sur je ne sais quel point de philosophie transcendante. Un financier, vieux roué de la Régence, devenu fort laid et fort riche, s'approcha de Mlle Gaussin et lui offrit, sans autre entrée en matière, cent pistoles pour qu'elle vînt souper avec lui.

— Turcaret, mon ami, dit Mlle Gaussin à voix haute, avec l'air de tête le plus impertinent, je vous donnerai deux cents pistoles si vous voulez venir souper chez moi avec cette figure-là.

Et en disant ces mots, elle indiquait du doigt Helvétius.

———

C'était un « cœur généreux ». Informée que son porteur d'eau était épris d'une telle passion pour elle qu'il en était tombé malade et qu'on craignait qu'il n'en perdît la vie, ou tout au moins la tête, elle lui fit donner toutes sortes de secours, avec promesse d'un bonheur suprême dès qu'il serait rétabli ; et elle tint parole.

— Cela leur fait tant de plaisir, et à moi si peu de peine ! disait-elle.

———

Dans la pièce de Destouches, la *Force du naturel*, un des acteurs parlant d'une jeune fille que représentait Mlle Gaussin, dit :

.... C'est un pauvre mouton :
Je crois que de sa vie elle ne dira non.

Tout le monde, se rappelant le trait que nous venons de citer, se mit à rire.

—

Le fermier général Bouret, avant d'avoir fait fortune, avait souscrit au profit de Mlle Gaussin une promesse en blanc; c'était alors la meilleure lettre de change qu'il eût à lui donner.

Devenu prodigieusement riche, et craignant l'usage qu'elle en pouvait faire, il va la trouver, balbutie, réclame en tremblant son billet.

Gaussin le tire de ses tablettes et le remet à son ancien adorateur.

Il y avait au-dessus de la signature :

« Je promets... *d'aimer toujours Gaussin*, » avait ajouté l'actrice.

L'ex-amoureux s'acquitta comme un... financier : il fit remettre à l'actrice désintéressée une écuelle d'or pleine de louis.

—

Un prêtre était au chevet du lit de Mlle Gaussin, qui se mourait; il lui rappelait, en l'exhortant à se repentir, les erreurs de ses premières années.

— Ah! dit la folle femme, c'était le bon temps alors; j'étais bien malheureuse !

Le moyen de faire réussir un ballet

Le ballet-opéra, *Aréthuse*, de Danchet et de Campra, réussit peu. Comme les auteurs cherchaient les moyens de le soutenir, un homme d'esprit qui aimait la plaisanterie leur dit :

— J'en sais un : allongez les danses des ballets et raccourcissez les jupes des actrices.

Comment un charlatan sut se venger

Il y avait à la foire Saint-Laurent un homme qui faisait voir des tableaux vivants. Il était grand, toujours habillé de noir, et portait une perruque qui lui descendait jusqu'à la ceinture. Son accent était mâle, sonore, et il terminait toujours son boniment ainsi :

« Oui, messieurs, vous serez contents, très-contents, extrêmement contents ; si vous n'êtes pas contents, on vous rendra votre argent ; mais vous serez contents, très-contents, extrêmement contents. »

Ce singulier personnage fut imité dans la *Foire Saint-Laurent*, comédie de La Thorillière, qui s'en acquitta au mieux.

Le Rat, — c'était le nom de notre homme, — piqué d'avoir été joué, termina ainsi son annonce :

« Vous y verrez La Thorillière ivre, Baron avec la Desmares, Poisson qui tient une maison de jeu,

Mlle Dancourt et ses filles. Toute la cour les a vus ; tout Paris les a vus ; on n'attend point ; cela se voit dans le moment et cela n'est pas cher. »

Le pauvre Le Rat fut arrêté et retenu en prison jusqu'à la fin de la foire.

MAILLARD

C'était un acteur du théâtre de la Foire-Saint-Laurent. Sa vantardise lui valut un jour une cruelle punition.

Les *Anecdotes dramatiques* racontent le fait ainsi :

Se trouvant dans la boutique d'un limonadier, sa femme — une Colombine fort piquante — vint à passer et le salua.

On demanda à Maillard s'il connaissait cette jolie actrice.

— Eh ! cadédis, répondit-il en affectant l'accent gascon, si jé la connais !

. . . . Au gré dé mes désirs,
J'ai goûté dans ses bras mille et mille plaisirs.

— Touchez là, lui dit un particulier qui ne le connaissait pas ; je puis vous en dire autant.

Maillard quitta le ton plaisant pour apprendre au trop véridique indiscret qu'il était le mari de cette actrice.

— Ma foi, reprit l'autre, je suis fâché d'avoir

été si sincère, mais je ne sais point me rétracter d'un fait vrai.

On se battit. Maillard fut blessé. En le conduisant chez un chirurgien, son adversaire chercha à le consoler par les deux vers de La Fontaine :

> Quand on le sait, c'est peu de chose,
> Quand on l'ignore, ce n'est rien.

Un homme qui se formalise de n'avoir pas été fidèlement représenté

Un bourgeois de Paris, qui faisait l'important, s'imaginant que Molière avait voulu le peindre dans le *Cocu imaginaire,* exprimait son mécontentement contre l'auteur comique à un de ses amis.

— Comment, disait-il, un comédien aura l'audace de mettre impunément au théâtre un homme de ma condition !

— De quoi vous plaignez-vous? répond l'ami; il vous a peint avantageusement en ne faisant de vous qu'un cocu imaginaire; vous seriez bien heureux d'en être quitte à si bon marché.

Mlle DUMESNIL

Cette actrice jouait le rôle de Cléopâtre, dans la tragédie de ce nom. Au cinquième acte, lorsque, prête à expirer, elle terminait ses imprécations par ce vers :

Je maudirais les dieux s'ils me rendaient le jour,

elle se sentit frappée d'un grand coup de poing dans le dos par un vieux militaire qui lui dit à haute et intelligible voix :

— Va, chienne, à tous les diables !

Cet' acte de délire interrompit le spectacle et ne laissa pas que « d'émotionner » un peu l'actrice, qui s'écria :

— Voilà l'éloge le plus flatteur que j'aie jamais reçu.

———

D'Alembert avait un grand talent d'imitation. Un jour, se trouvant à un dîner, chez le marquis de Lomellini, auquel assistaient Mlles Gaussin et Dumesnil, il imita la manière de ces deux actrices au point de rendre l'illusion complète.

Quand il commença à imiter Mlle Dumesnil, tout le monde devint attentif. A peine a-t-il dit sept ou huit vers, que l'actrice s'élance de son siége en criant :

— Ah ! voilà mon bras gauche ! mon maudit bras gauche ! Il y a dix ans que je travaille à en corriger la raideur, et je n'ai pu encore y parvenir. Ah ! monsieur, je vois bien que rien ne vous échappe. Je vous promets de faire de nouveaux efforts pour en venir à bout ; mais aussi vous ne pouvez me refuser des conseils.

Mlle QUINAULT

Cette actrice avait du talent et de l'esprit, ce qui ne marche pas toujours de compagnie. Elle disait, en parlant d'une dame qui revenait cent fois sur la même idée pour peu qu'elle la crût piquante :

— Cette femme ne quitte jamais une jolie chose qu'elle n'en ait fait une bêtise.

—

Sortant un jour d'une audience de d'Argenson, qui venait d'être nommé ministre, il la reconduisit jusque dans l'antichambre et l'embrassa gaiement devant cinquante personnes, en lui disant :

— Vous savez que je n'ai pas perdu le droit d'aller souper chez vous.

A peine le ministre a-t-il le dos tourné, qu'un solliciteur, croyant que l'actrice était une femme de la cour, s'approche d'elle et lui demande sa protection.

Mlle Quinault se retourne et lui tend les bras :

— Monsieur, dit-elle, je ne puis mieux faire pour vous que de vous rendre ce que le ministre m'a donné.

Et elle se met à l'embrasser, comme elle eût fait sur la scène avec son Gros-René.

—

Le duc de Chaulnes avait fait peindre sa femme

en Hébé; il ne savait comment se faire peindre pour faire pendant.

Comme il contait son embarras à Mlle Quinault, elle lui dit :

— Faites-vous peindre en *hébété*.

En parlant de la duchesse de Chaulnes, qui abusait des railleries mordantes, Mlle Quinault disait :

— Il faudrait lui arracher l'esprit comme on arrache aux indignes la croix de Saint-Louis.

Mlle BRILLANT

L'abbé de La Porte nous raconte une curieuse anecdote sur cette actrice.

La *Chercheuse d'esprit*, de Favart, avait obtenu un brillant succès ; un jeune bel esprit en fit une parodie, dans laquelle il glissa des traits fort satiriques contre les actrices qui jouaient dans cette pièce.

Les victimes de ces licences d'un poëte méditèrent une vengeance éclatante. Mlle Brillant se mit à la tête du complot, et, dès le lendemain, toutes ses mesures étant prises, elle alla se placer à côté du jeune auteur à l'amphithéâtre.

Elle le comble de politesses et lui fait les plus grands éloges de ses traits sarcastiques.

— Vous ne m'avez pas ménagée, lui dit-elle ; mais je suis bonne princesse, j'entends la raillerie et je ne saurais me fâcher quand les choses sont dites avec autant de finesse que d'esprit. Il y a de mes compagnes qui font les bégueules ; je veux les désoler en leur chantant moi-même vos couplets publiquement. Faites-moi l'amitié de venir les écrire dans ma loge.

Dès qu'il est entré, les actrices — qui l'attendaient armées de longues poignées de verges — fondent sur lui toutes à la fois et le fustigent impitoyablement.

L'officier de police, accouru aux cris du patient, eut beaucoup de peine à faire cesser cette sanglante exécution, et plus encore à s'empêcher de rire.

Dès que l'auteur se vit débarrassé, sans se donner le temps de se rajuster, il traversa « voiles au vent » une foule de monde que cette rumeur avait attirée ; il alla, toujours courant, jusque chez lui, accompagné de huées et de brocards, et fut si honteux de son aventure que, trois jours après, il partit pour les îles.

Un spectateur peu érudit

On jouait, à Besançon, la tragédie de Crébillon *Rhadamiste et Zénobie* ; lorsque l'acteur dit ce vers :

De quel front osez-vous, soldats de Corbulon...

Un des spectateurs cria de toute ses forces :

— C'est Crébillon qu'il faut dire ; j'ai lu l'affiche. Ces comédiens de province défigurent tous les noms !

PRÉVILLE

C'était un homme essentiellement bon que Préville ; les *Mémoires de Fleury* nous racontent à ce sujet une anecdote charmante :

Saint-Amand, comédien de province, se voyait refusé par tous les directeurs. Que faire ? que devenir ?

Un soir, à une heure indue, on sonne chez Préville. Il fait ouvrir. Un homme assez long, assez sec, assez mal vêtu, passe comme une flèche entre les trois pouces d'ouverture de la porte, en s'écriant :

— C'est moi ! c'est moi !

Il court, furète, trouve une issue, tombe sur Préville, au lit avec madame, les embrasse ensemble et les entortillant de leurs draps comme dans un cerceau :

— C'est moi, parbleu ! c'est moi !

— Qui toi ? dit Préville étonné. — Qui vous ? dit madame scandalisée.

— Moi, ton ami, ton collègue, Saint-Amand !

Tu sais bien? Je viens te demander l'hospitalité pour cette nuit.

— Ah! c'est toi (Préville reconnaissait tous ceux qui venaient lui demander un service); c'est bien; je vais donner des ordres.

Et voilà Saint-Amand s'asseyant sans façon, crottant les meubles, déboutonnant ses guêtres. Un domestique vient.

— N'y a-t-il pas une chambre là-haut? lui dit Préville; allons, qu'on prépare des matelas.

— Avec un lit de plume, s'il vous plaît, dit Saint-Amand.

— Venez, dépêchez; allons, des draps, dit Préville.

— Faites-les bien sécher, dit Saint-Amand.

— Bassinez le lit, dit Préville.

— Et mettez du sucre dans la bassinoire, dit Saint-Amand.

— Adieu, bonne nuit! dit Préville.

— Adieu, adieu! s'écrie Saint-Amand attendri; ne t'inquiète pas; une nuit est bientôt passée.

Saint-Amand resta dix-sept ans dans la maison de Préville, et ne la quitta que parce qu'il fit un héritage.

———

Un cavalier du régiment de Conti, nommé Jolibois, assistait, à la Comédie-Française, à la représentation des *Vacances des Procureurs*, où il vit Préville dans le rôle de Maugrebleu.

Il eut tant de plaisir qu'après la pièce, forçant toutes les consignes, il arrive jusqu'à la loge du grand acteur, et lui sautant au cou :

— Ah ! monsieur Préville ! monsieur Préville ! si quéqu' mâtin s'avisait de vous faire du mal, qu' j'aurais donc de plaisir à le r'moucher !

Préville le remercie de son zèle et lui promet un billet quand il jouera dans une autre pièce.

Quelques jours après, Jolibois reçoit un billet pour assister à une représentation du *Mercure galant*, dans lequel Préville remplissait six rôles différents. Il l'applaudit avec transport — comme le public — dans cinq de ses métamorphoses ; mais quand il paraît enfin dans le costume du fantassin La Rissole, le malheureux cavalier désappointé se penche hors de sa loge et s'écrie avec autant d'indignation que de désespoir :

— Ne l'applaudissez pas, le chien ! il a quitté la cavalerie !

—

On raconte une autre anecdote, toujours à l'occasion du même rôle, qui était la gloire de Préville. On représentait le *Mercure galant* devant la cour, à Fontainebleau. Préville venait de s'habiller pour jouer La Rissole ; un factionnaire, dans la coulisse, le voit en uniforme, la pipe à la bouche et festonnant comme un homme ivre. Il veut l'empêcher d'entrer sur le théâtre :

— Camarade, lui dit-il, tu vas me faire mettre au cachot; halte-là !

Préville lui échappe à grand'peine, entre sur la scène, et y reçoit les plus vifs applaudissements, au grand ébahissement du factionnaire.

———

Cet acteur disait un jour, au foyer, devant une nombreuse assemblée :

— Je voudrais pour tout au monde qu'on n'eût pas enlevé au public le droit de siffler. Je l'ai vu applaudir au jeu forcé de quelques-uns de mes camarades; j'ai « chargé » mes rôles pour obtenir les mêmes applaudissements. Si la première fois que cela m'arriva un connaisseur m'eût lâché deux bons coups de sifflet, il m'aurait fait rentrer en moi-même, et je serais meilleur.

———

Goldoni disait à Préville :

— Les décadences s'y prennent de loin, et je crois que votre théâtre s'en va.

— Pas encore, répond Préville; il fait ses malles.

***

L'énigme du *Mercure galant*

Il y a dans la pièce que nous venons de nommer une énigme que beaucoup connaissent, mais qu'un plus grand nombre ignorent. Boursault l'introduisit dans sa comédie pour tourner en ridicule les énigmes du journal *le Mercure galant*. Visé, le directeur de cette feuille, demanda la suppression de cette pièce; mais le lieutenant de police n'accéda pas à cette demande, et se contenta de supprimer le titre; elle fut jouée pendant quelque temps sous le nom de la *Comédie sans titre*.

Voici l'énigme :

> Je suis un invisible corps,
> Qui de bas lieu tire mon être,
> Et je n'ose faire connaître
> Ni qui je suis, ni d'où je sors ;
> Quand on m'ôte la liberté,
> Pour m'échapper j'use d'adresse,
> Et deviens femelle traîtresse
> De mâle que j'aurais été.

Quant aux mots de cette énigme, si la pudeur nous empêche de les nommer, nous pouvons cependant dire aux lecteurs curieux que ce sont de ces bruits qui ne se font entendre que « dans le silence du cabinet ».

Mlle CLAIRON

Les démêlés de Clairon avec Fréron

Cette actrice s'étant reconnue dans un portrait tracé « d'après nature » par Fréron, alla trouver les gentilshommes de la chambre et menaça de se retirer du théâtre si on ne lui « faisait pas justice de ce vil journaliste ».

Un accès de goutte évita à Fréron d'aller au For-l'Évêque.

Voisenon étant intervenu auprès du duc de Duras, celui-ci répondit que sa grâce ne serait accordée au journaliste que s'il l'obtenait de Mlle Clairon.

Fréron répondit comme Philoxène :

— Qu'on me ramène aux carrières.

Cette querelle prit les proportions d'une affaire d'État. La reine avait ordonné que Fréron eût son pardon. Clairon alla trouver le duc de Choiseul, et après avoir épanché toute sa douleur dans le sein du ministre, elle lui demanda sa retraite.

La réponse du duc est trop curieuse pour n'être pas rapportée :

— Mademoiselle, dit M. de Choiseul, nous sommes, vous et moi, chacun sur un théâtre; mais avec cette différence que vous choisissez les rôles qui vous conviennent, et que vous êtes toujours sûre des applaudissements du public. Il n'y a que quelques gens de mauvais goût — comme ce malheureux Fréron — qui vous refusent leurs suffrages. Moi, au contraire, j'ai une tâche souvent désagréable : j'ai beau faire de mon mieux, on me critique, on me condamne, on me hue, on me bafoue, et cependant je ne donne point ma démission. Immolons, vous et moi, nos ressentiments à la patrie, et servons-la de notre mieux, chacun dans notre genre. D'ailleurs la reine ayant fait grâce, vous pouvez, sans compromettre votre dignité, imiter la clémence de Sa Majesté.

La reine de théâtre sourit, mais ne fut pas convaincue.

—

La tragédie d'*Idoménée* avait été affichée, aux premières représentations, par un *y*.

Mlle Clairon fait réunir les comédiens, puis mande l'imprimeur à la barre de son tribunal, et lui reproche en termes très-vifs son ignorance.

L'imprimeur dit qu'il s'en est rapporté à l'orthographe de la *copie* du semainier.

— Cela ne se peut, interrompt Mlle Clairon avec hauteur; il n'y a pas parmi nous un comédien qui ne sache *orthographer*.

— Eh! eh! interrompt le typographe avec malignité, je croyais qu'on disait *orthographier*.

—

Quand elle fut à l'apogée de sa gloire, alors qu'elle gouvernait la Comédie et le monde galant, Clairon disait en parlant de Mme de Pompadour :

— Elle doit sa royauté au hasard; je dois la mienne à mon génie.

* *
*

Un scandale à la Comédie-Française

Il y eut, en 1765, une fermentation très-grande

dans « le tripot comique » ; c'est ainsi que s'exprime Bachaumont.

Un acteur, assez médiocre, s'était fait guérir d'une maladie honteuse par un chirurgien qu'il ne voulut pas payer. Mlle Clairon, très-vive « sur le point d'honneur », ameuta toute la troupe ; on en parla au duc de Richelieu, qui ne voulut pas s'en mêler, disant aux comédiens qu'ils étaient les pairs de Dubois et pouvaient le juger.

L'affaire fut faite, il fut chassé ; mais ce Dubois avait une jolie fille, à laquelle « s'intéressait » le duc de Fronsac, et qui obtint que Dubois rentrerait au théâtre.

Le soir où cette rentrée devait se faire, dans le *Siége de Calais*, les comédiens y substituèrent le *Joueur*, pièce dans laquelle ce Dubois n'avait pas de rôle. Le parterre, n'acceptant pas la substitution, criait : A l'hôpital la Clairon ! Molé, Brizard, Lekain, Dauberval, au For-l'Évêque ! Après bien du tumulte, on rendit l'argent.

Clairon demandait, le soir même, à quelques officiers qui faisaient cercle chez elle, si quelqu'un d'eux avait fait une bassesse, ils ne le chasseraient pas, et si la Cour voulait les forcer à garder un infâme, ils ne donneraient pas tous leur démission ?

— Sans doute, mademoiselle, répond un de ces officiers, mais ce ne serait pas un jour de *siége*.

Brizard, Dauberval, Molé et Lekain allèrent au For-l'Évêque.

M¹¹ᵉ Clairon y fut accompagnée par Mᵐᵉ de Sauvigny, femme de l'intendant de Paris. Ces dames avaient dans leur voiture un exempt qui les escortait.

La célèbre actrice ayant dit à cet homme qu'elle était soumise aux ordres du roi; que ses biens, sa personne, sa vie lui appartenaient; mais que son honneur resterait intact, et que le roi lui-même n'y pouvait rien :

— Vous avez bien raison, mademoiselle, dit l'exempt; où il n'y a rien, le roi perd ses droits.

—

Lorsqu'elle était la maîtresse du margrave d'Anspach, M¹¹ᵉ Clairon parla de se tuer. Le bon margrave s'en émut ;

— Allons, lui dit milady Craven, rivale de M¹¹ᵉ Clairon, oubliez-vous que ses poignards rentrent tous dans le manche !

—

Parmi tous les amants — et ils furent nombreux — de M¹¹ᵉ Clairon, il faut citer Marmontel, alors jeune et s'essayant à rimer des tragédies.

Ce fut à un souper que cette liaison commença. Marmontel semblait soucieux.

— Qui cause votre tristesse? lui dit-elle. J'espère que vous ne me faites pas l'injure de composer une tragédie en ce moment?

Marmontel répondit qu'il était amoureux.

— Enfant! et voilà comment vous recevez les bienfaits de la Providence!

— Oui, parce que c'est vous que j'aime.

— Eh bien, tombez à mes genoux et je vous relèverai, et nous nous aimerons tant qu'il plaira à Dieu.

Cela dura quelque temps. Marmontel fut jaloux du bailli de Fleury.

— Cruelle! dit le poëte, vous m'avez blessé au cœur.

— Ce n'est rien, dit Clairon; il y avait si longtemps que ce galant homme soupirait! Vous serez mon amant en vers, il sera mon amant en prose.

Comme Marmontel écrivait en prose et en vers, il ne voulut point partager, dit M. Arsène Houssaye.

—

Dans la *Sémiramis*, de Voltaire, il y a une scène où l'on doit entendre un coup de tonnerre; à la répétition générale, le machiniste chargé de le faire entendre, ne sachant si Mlle Clairon voulait un coup sec ou prolongé, lui cria « du haut du ciel »:

— Le voulez-vous court ou long?

— Comme celui de M{ll̊e} Dumesnil, répond Clairon.

—

Bachaumont écrit à la date du 15 juin 1767 :

« M{ll̊e} Clairon avait pris sous sa protection un jeune homme de seize ans, de la plus jolie figure du monde. Elle en voulait faire un acteur et lui donnait elle-même des leçons de déclamation. Elle l'avait surnommé l'Amour et il n'était connu que sous ce nom.

« Par une de ces fatalités qui corrompent toutes les joies humaines, ce jeune sujet s'est hasardé à prendre des leçons d'un autre genre et d'une autre maîtresse. La jalousie s'est allumée dans le cœur de la moderne Calypso, et dans ses emportements elle a renvoyé notre Amour nu comme l'est ce dieu.

« Une pareille expulsion a donné lieu à beaucoup de commentaires parmi l'ordre des actrices et les filles du haut style. »

Le commentaire le plus simple était celui-ci : Clairon avait quarante-quatre ans.

Chassez le naturel, il revient au galop

On jouait au théâtre de la Foire-Saint-Laurent un opéra-comique intitulé : *Olivette, juge des enfers*.

« Il y avait dans cette pièce, disent les *Anecdotes dramatiques*, un couplet qui finissait par ce refrain :

> Un petit moment plus tard,
> Si ma mère ne fût venue,
> J'étais, j'étais... perdue.

« Une jeune actrice, fort jolie, qui chantait ce couplet, avait coutume, aux répétitions, de substituer au mot *perdu* une rime un peu grenadière dont l'énergie lui plaisait beaucoup.

« La force de l'habitude lui fit prononcer ce malheureux mot à une représentation devant une assemblée très-nombreuse.

« Ce fut un coup de théâtre général : plusieurs dames sortirent précipitamment de leurs loges; d'autres restèrent; le public gouailleur criait : *Bis!*

« Quant à l'actrice, elle paraissait étonnée qu'on fît tant de bruit pour si peu de chose.

« Un exempt vint la prier de le suivre à la salle Saint-Martin, où elle fut conduite, escortée joyeusement par la plus grande partie des spectateurs. »

C'est l'auteur qui l'a dit

A l'unique représentation de la *Créole*, comédie de La Morlière, un valet, après avoir fait à son maître le récit d'une fête, lui demande ce qu'il en pense.

Le maître répond :

— Tout cela ne vaut pas le diable.

Le parterre répéta ces mots en chœur et la pièce ne put être achevée.

Pourquoi un abbé n'allait pas au parterre

A la première représentation d'*Abdilly*, de Mme Riccoboni, un instant avant que la pièce commençât, le parterre, voyant un abbé placé aux premières loges, se mit à crier :

— A bas ! monsieur l'abbé, à bas !

L'abbé resta tranquille, comme s'il n'avait aucun intérêt dans cette affaire ; mais comme la clameur continuait, il se leva et dit :

— Pardon, messieurs, mais la dernière fois que je fus me placer parmi vous, on me vola ma montre. J'ai mieux aimé payer ma place un peu plus cher et moins risquer.

Un abbé qui donne une calotte au parterre

A la première représentation de la tragédie de *Brutus*, un abbé s'était placé sur le devant d'une loge, quoiqu'il y eût des dames derrière lui. Le parterre, plus galant que l'ecclésiastique, lui crie :

— Place aux dames ! A bas la calotte !

Après avoir écouté ces cris avec indifférence pendant quelque temps, l'abbé impatienté prend sa calotte et la jette au parterre en disant d'une voix forte :

— Tiens, la voilà la calotte ; tu la mérites bien !

Et le public, qui aime les gens qui ont la riposte vive, se mit à applaudir.

LEKAIN

Cet acteur disait dans une société où se trouvaient quelques gentilshommes :

— Nos parts n'approchent pas de celles des acteurs italiens, et, en nous rendant justice, nous aurions le droit de nous apprécier un peu plus. Une part, aux Italiens, rend vingt à vingt-cinq mille livres, et la mienne se monte au plus à dix ou douze mille livres.

— Comment, morbleu ! s'écria un chevalier de Saint-Louis ; comment ! un vil histrion n'est pas content de douze mille livres de rente ; et moi qui suis au service du roi, qui dors sur un canon et qui prodigue mon sang pour ma patrie, je suis trop heureux d'obtenir mille livres de pension !

Alors Lekain, avec la dignité d'un tragédien, lui répliqua :

— Eh ! comptez-vous pour rien, monsieur, la liberté de me parler ainsi ?

Lekain fut surpris chassant sur les terres d'un grand seigneur.

Le garde l'aborde et lui demande qui lui a permis de chasser sur les « plaisirs » de monseigneur.

Lekain prend une pose théâtrale et lui répond :

> Du droit qu'un esprit vaste et ferme en ses desseins
> A sur l'esprit grossier des vulgaires humains.

Le garde, stupéfié par l'emphase de l'acteur, et ne comprenant probablement pas beaucoup le sens de ce qui vient de lui être dit, réplique :

— Ah! monsieur, c'est différent... excusez, je ne savais pas...

—

Au foyer de Nicolet, on entourait Lekain et Marivaux, assis sur une banquette et causant de la Comédie-Française. On entendit ces mots du premier :

— Eh! mon Dieu! nous aurons des successeurs!

Et Marivaux de répondre finement :

— Vous voulez dire des remplaçants.

—

Lekain, fatigué de jouer tous les rôles de princes grecs, romains, etc., avec un habit de soie qu'on nommait *à la romaine*, se fit faire un costume grec pour jouer Oreste.

Dauberval, charmé du nouveau costume de Lekain, s'écriait naïvement :

— La première fois que, dans une pièce nouvelle, je jouerai un rôle de Romain, je me ferai faire un costume grec.

**

Comment Lekain fut reçu sociétaire

Il y avait six mois qu'il végétait comme pensionnaire, lorsqu'il alla trouver Grandval, et, sans être intimidé de l'accueil peu civil qu'il en reçut, il lui dit :

— Je viens, monsieur, vous prier de me laisser jouer Orosmane devant le roi.

— Vous, monsieur ! Orosmane ! à la Cour ! Vous n'y pensez pas ; vous voulez donc vous perdre ?

— J'ai tout prévu, monsieur ; j'en courrai les risques : il est temps enfin que mon sort se décide.

— Eh bien, monsieur, j'y consens, reprit Grandval ; mais si cette entreprise ne tourne pas au gré de vos désirs, souvenez-vous bien que c'est vous qui l'avez voulu.

Lekain joua Orosmane devant Louis XV, qui disait le soir de la représentation :

— Il m'a fait pleurer, moi qui ne pleure guère ; je le reçois pour mon comédien.

Quelques anecdotes sur l'*Œdipe* de Voltaire

Le succès de cette pièce fut très-brillant. Le

maréchal de Villars disait à l'auteur en sortant d'une des représentations « que la nation lui avait bien de l'obligation de ce qu'il lui consacrait ainsi ses veilles ».

— Elle m'en aurait bien davantage, répondit vivement le poëte, si je savais écrire comme vous savez parler et agir.

———

Ce fut en sortant d'une autre représentation de cette pièce qu'un homme de la Cour, qui donnait la main à une dame tout à fait attendrie, disait à Voltaire :

— Voici deux beaux yeux auxquels vous avez fait répandre bien des larmes.

— Ils s'en vengeront sur bien d'autres, répondit finement le poëte.

———

Voltaire était à la Bastille quand on représenta *Œdipe*. Le Régent, qui l'y avait fait enfermer, fut si charmé de cette pièce qu'il rendit la liberté au prisonnier.

Voltaire alla remercier le prince, qui lui dit :

— Soyez sage, et j'aurai soin de vous.

— Je vous suis infiniment obligé, répondit Voltaire; mais je supplie Votre Altesse de ne plus se charger de mon logement ni de ma nourriture.

Un auteur modeste

Marivaux assistait à la représentation de sa pièce, *l'Amour et la Vérité*, qui faisait bâiller tout le monde ; son voisin de stalle, qui ne le connaissait pas, lui dit :

— Voilà une pièce terriblement ennuyeuse.

— A qui le dites-vous, monsieur, répond Marivaux ; je le sais mieux que tout autre, puisque j'en suis l'auteur.

Voltaire disait de cet écrivain :

— Il pèse des riens dans des balances de toile d'araignée.

Un capitoul qui n'était pas fort

Ce magistrat assistait à une représentation des *Femmes vengées*, opéra-comique un peu licencieux, que le parterre redemandait pour le lendemain. Le capitoul s'opposait à une seconde représentation de cette pièce indécente.

Après avoir consulté ses camarades, un acteur revient et annonce pour le lendemain *Beverley*, pièce en vers *libres* par Saurin.

— Comment ! s'écrie le vertueux mais ignorant capitoul, encore une pièce *indécente*, tandis que c'est pour cela que je vous interdis les *Femmes vengées !* Relâche pour huit jours !

Nous ne savons si c'est le même qui fit venir

dans son cabinet le directeur du théâtre après une représentation de la *Métromanie*, et auquel il demanda :

— Quel est l'auteur de la comédie jouée hier?

— Monsieur Piron.

— Faites-le venir demain.

— Monseigneur, il est à Paris.

— Bien lui en prend; mais je vous défends de jouer sa pièce. Du reste, monsieur, tâchez désormais de faire de meilleurs choix : dernièrement vous avez joué l'*Avare*, comédie renfermant de mauvais exemples, entre autres un fils qui vole son père. De qui est cet *Avare*?

— De Molière.

— Est-il ici ce Molière?

— Non, monseigneur, il y a plus d'un demi-siècle qu'il est mort.

— Tant mieux. Mais, monsieur le directeur, ne sauriez-vous mieux choisir les pièces que vous jouez ici, et ne représenter que des pièces d'auteurs obscurs? Plus de Molière ni de Piron, s'il vous plaît. Tâchez de nous donner des comédies que tout le monde connaisse.

***

Un auditeur peu judicieux

Un grave magistrat n'ayant jamais été à la Comédie, s'y laissa conduire sur l'assurance qui lui fut donnée qu'il serait enchanté de la tragédie d'*Andromaque*.

Il fut très-attentif au spectacle, qui se terminait par les *Plaideurs*.

Ayant été présenté à Racine après le spectacle, il lui dit :

— Je suis très-satisfait, monsieur, de votre *Andromaque*; c'est une jolie pièce ; seulement, je suis étonné qu'elle finisse si gaiement. J'avais d'abord eu quelque envie de pleurer, mais la vue des petits chiens m'a fait rire.

MOLÉ

Son vrai nom était Molet ; quand il débuta à la Comédie-Française, il en modifia l'orthographe comme nous la donnons plus haut, et ne demandait pas mieux que l'on crût qu'il appartenait à l'ancienne famille des Molé; ce qui faisait dire à Dugazon :

— A sa place, j'aurais fait un autre arrangement; il ne lui était pas plus difficile de descendre de Molay, le grand-maître des Templiers, la noblesse d'épée l'emportant de cent piques sur la noblesse de robe.

Dans le *Séducteur*, comédie du fameux calembouriste marquis de Bièvre, Molé fut si charmant que le marquis enchanté lui abandonna ses droits d'auteur, environ cinq cents louis.

On raconte que Molé, allant le remercier, s'excusait d'avoir été faible à la représentation de la veille parce qu'il était *enroué*.

— *En roué?* répond le marquis; jamais vous n'avez été mieux dans votre rôle.

———

Cet acteur étant tombé malade « tout Paris » alla se faire inscrire chez lui : les carrosses firent queue aux environs de sa demeure pour ne pas troubler son repos.

Louis XV envoya deux fois savoir de ses nouvelles : Mme Du Barry était si inquiète !

Le roi fit remettre au comédien chéri deux gratifications de cinquante louis. Un nouvelliste ayant dit que son médecin lui ordonnait de boire un peu d'excellent vin, en deux jours Molé reçut deux mille bouteilles des vins les plus généreux.

———

Un auteur lui remit un jour un rouleau de papier, contenant, disait-il, une pièce qu'il soumettait à son examen.

A quelque temps de là, l'auteur revient chez Molé et lui demande humblement s'il a eu le loisir de lire sa pièce.

Molé répond qu'elle n'est pas jouable; que le

plan est vicieux, les situations mal amenées, le style faible...

L'auteur dénoue le lien qui enveloppe son manuscrit et montre au comédien qu'il lui avait remis un rouleau de papier blanc.

Cette aventure donna lieu à la pièce de la *Matinée du comédien de Persépolis*, de Cailleau, qui fit rire le public, mais pas l'acteur.

———

Mlle Contat disait de Molé, qui avait alors soixante-sept ans :

— Il n'y a pas un de nos jeunes amoureux qui se jette si bien aux genoux d'une femme.

***

Un proverbe heureusement appliqué

A la première représentation du *Gage touché*, qui fut légèrement « égayée », une partie du public demandait l'auteur ; celui-ci, qui était dans la coulisse, prit son parti hardiment ; s'élançant sur la scène, il s'adresse en ces termes aux spectateurs :

— Messieurs, vous demandez l'auteur : le voilà. J'ai eu le bonheur de vous amuser par des proverbes ; mettez que ceci en soit un autre : « Qui compte sans son hôte, compte deux fois. »

Le parterre applaudit, et la pièce eut les jours suivants un grand succès.

Ce qui empêchait une actrice de jouer le rôle de la Vertu

Dans l'*Abondance*, opéra-comique en un acte de Laffichard et Valois, Mlle Rosette devait remplir le rôle de la Vertu. Comme on différait la représentation de cette pièce, et qu'un soir le public la réclamait, le directeur vint dire aux impatients :

— Messieurs, Mlle Rosette, qui est chargée du rôle de la Vertu, vient d'accoucher; aussitôt qu'elle sera rétablie, nous satisferons votre désir.

CLAIRVAL

Mme de Stainville avait depuis longtemps des bontés pour l'acteur Clairval.

Le mari, venant à le savoir, menaça l'acteur de lui donner cent coups de bâton s'il ne cessait ses relations.

De son côté, Mme de Stainville, qui goûtait fort les diverses qualités de l'artiste, le menaça de deux cents coups de la même arme s'il cessait de lui rendre hommage.

Telles étaient les mœurs du temps.

Dans cette perplexité, Clairval demandait conseil à un ami.

— Parbleu! répondit Caillot, — l'ami en question, — obéis à la dame, il y a cent pour cent à gagner.

DESESSARTS

Ce comédien était fils d'un procureur de Langres. Son père voulait en faire, comme lui, un « homme de loi ». Desessarts, qui se sentait une vocation irrésistible pour le théâtre, déserta l'étude pour aller jouer la comédie à Marseille. Alors il écrivit à son père :

« J'aime mieux faire rire les gens que de les ruiner. »

C'était peu flatteur pour le papa.

—

Il remplissait les rôles de financiers à la Comédie-Française, et était d'une si monstrueuse carrure qu'on l'appelait l'Eléphant.

Dugazon, alors premier comique, s'était imposé la joyeuse tâche de le mystifier, et il n'y réussissait pas trop mal. Jugez :

L'éléphant de la Ménagerie du roi venait de mourir. Dugazon prie Desessarts d'aller avec lui jouer un proverbe chez le ministre.

Desessarts accepte et s'informe du costume qu'il doit prendre.

— Mets-toi en grand deuil, lui dit Dugazon; tu dois représenter un héritier.

Desessarts passe un habit et tous les harnachements alors de circonstance : crêpes, pleureuses, etc.

On se rend chez le ministre, qui avait grande compagnie.

— Monseigneur, lui dit Dugazon, la Comédie-Française a été on ne peut plus affligée de la mort du bel éléphant qui faisait l'ornement de la Ménagerie du roi, et je viens, au nom de tous mes camarades, vous demander sa survivance pour Desessarts, que voilà.

On se figure facilement les éclats de rire qui accueillirent cette grotesque demande et l'embarras du pauvre mystifié.

Il sort furieux et provoque Dugazon en duel.

Arrivés au bois de Boulogne, les deux adversaires se mettent en garde.

Mais avant de croiser le fer, Dugazon dit à son adversaire :

— Mon camarade, j'éprouve un frissonnement ; je crains de te tuer. Tu me présentes une surface énorme ; je ne veux pas profiter de cet avantage : laisse-moi égaliser la partie.

Et il tire de sa poche un morceau de blanc d'Espagne, trace un rond sur l'énorme bedaine de Desessarts et lui dit :

— Maintenant, écoute-moi bien : tout ce qui sera hors du rond ne comptera pas.

Adversaires et témoins se mirent à rire, et ce duel bouffon se termina par un copieux déjeuner.

—

Ces mystifications n'empêchaient pas Desessarts d'être un homme très-spirituel. Il était gourmand, et analysait avec éloquence les qualités de chaque mets. Nous trouvons dans *la Vie des Comédiens* de M. E. Deschanel quelques aphorismes culinaires de cet acteur qui annoncent un précurseur de Brillat-Savarin :

« Une bonne cuisine est l'engrais d'une conscience pure. »

« Que le gigot soit attendu comme un premier rendez-vous d'amour, mortifié comme un menteur pris sur le fait, doré comme une jeune Allemande et sanglant comme un Caraïbe. »

« Faites de l'œuf l'aimable conciliateur qui s'interpose entre toutes les parties pour opérer les rapprochements difficiles. »

« Le mouton est à l'agneau ce qu'est un oncle millionnaire à son neveu à la besace. »

« La bienfaisante enveloppe d'une feuille de vigne fait valoir le perdreau, comme le tonneau de Diogène faisait ressortir les qualités du grand penseur. »

Il célébrait dans ses accès de lyrisme gastronomique « le daim, bardé de gros lard, charmant animal dont la liberté n'a rien de féroce »; — le sanglier, prince indompté des forêts, dont « la sauvage indépendance est humiliée en entrant dans le pâté froid »; — le marcassin piqué, son héritier présomptif, l'Hippolyte de la cuisine »;

Nourri dans les forêts, il en a la rudesse;

— « le lièvre solitaire, philosophe des plaines »; — le brochet audacieux, l'Attila des étangs »; — « la caille voluptueuse, reine de l'air »; — « la bécasse vénérée, digne de tant de respect qu'on lui rend les mêmes honneurs qu'au grand lama. »

Nous nous sommes un peu écarté de notre plan, qui se borne aux anecdotes; mais il y a des sujets qui, par la sympathie qu'ils inspirent, vous font désirer de ne les jamais quitter.

Ce brave homme, qui avait un talent aussi franc que son caractère, mourut en 1793 en apprenant l'arrestation de ses camarades.

———

Desessarts avait des mots heureux; celui-ci peut donner une idée de son esprit :

— M. de Champcenetz, dans l'impuissance de voir rien éclore qui lui appartienne, s'est décidé à casser des œufs d'aigle pour faire ses omelettes.

Un bon conseil

Un acteur, qui revenait de Lille, débutait à Paris dans le rôle d'Andronic avec fort peu de succès. Quand il vint à dire ce vers :

Mais pour ma fuite, ami, quel parti dois-je prendre ?

Un plaisant lui répondit :

L'ami, prenez la poste et retournez en Flandre.

THÉVENARD

C'était une belle basse-taille de l'Opéra ; l'anecdote de son mariage est assez curieuse.

Il avait plus de soixante ans quand il vit une pantoufle à la porte d'un cordonnier. Il devint amoureux de la propriétaire de cette chaussure. Il mit dans ses intérêts un oncle de la demoiselle, grand buveur comme l'amoureux. Cela lui coûta cinq ou six douzaines de bouteilles de vin qui furent bues en tête-à-tête avec l'oncle œnophile.

La légende ne dit pas s'ils eurent beaucoup d'enfants et s'ils furent heureux.

*
* *

Les politesses de foyer

Les *Anecdotes dramatiques* racontent ce joli trait des mœurs théâtrales :

« Après la représentation du *Bonheur inattendu*, opéra-comique, M. le duc de *** suivit une actrice qui venait d'y jouer un rôle. On en fit compliment à la mère de la demoiselle qui répondit :

« — En vérité, vous faites trop d'honneur à ma fille ; M. le duc ne lui a fait encore que des politesses de foyer. »

CAMARGO

Elle se nommait Marie-Anne Cupi ; ce nom de

Camargo appartenait à sa grand'mère, qui était de noblesse espagnole. Elle était née à Bruxelles, le 15 avril 1710.

Voici ce qu'en dit Grimm :

Marie-Anne était si jolie, que la princesse de Ligne l'appelait la Fille des Fées. Légère comme un oiseau, on la voyait bondir et s'envoler dans les charmilles. Jamais biche en matinale gaieté n'eut des mouvements plus doux et plus capricieux : jamais daim blessé par le chasseur ne bondit avec plus de force et de grâce.

Quand elle eut dix ans, la princesse de Ligne jugea que cette jolie merveille revenait de droit à Paris, Paris la ville des merveilles, Paris où l'Opéra prodiguait alors mille et mille enchantements. Il fut décidé que Mlle Camargo serait danseuse à l'Opéra, où elle débuta le 5 mai 1726, non sans des difficultés créées par Mlle Prévost, qui voyait en elle une rivale destinée à l'éclipser.

A dix-huit ans, elle se laissa enlever, et Sophie sa sœur, une petite fille, voulut être enlevée avec, de sorte que le comte de Melun dut se charger des deux donzelles. La Camargo avait autant de mobilité dans ses passions que dans les jambes, et un beau matin elle partit avec M. de Morteille, qui, trois mois après, reçut l'ordre d'aller se battre en Flandre, et y fut tué. Les successeurs ne manquèrent pas. Que voulez-vous ? Si une danseuse n'était pas légère, où donc serait son mérite ?

Les anecdotes n'abondent pas sur cette danseuse qui brilla plus par les grâces de sa personne que par son esprit.

Elle avait eu pour rivale Mlle Sallé. Voltaire célébra l'une et l'autre dans un madrigal en partie double :

> Ah ! Camargo, que vous êtes brillante !
> Mais que Sallé, grands dieux, est ravissante !
> Que vos pas sont légers et que les siens sont doux !
> Elle est inimitable, et vous êtes nouvelle :
> Les Nymphes sautent comme vous,
> Mais les Grâces dansent comme elle.

Mlle GUIMARD

Elle n'était pas seulement une danseuse d'un grand talent. « L'amour d'un prince de l'Eglise, dit M. E. Deschanel, avait offert à la Guimard ce somptueux hôtel de la Chaussée-d'Antin, où, dans un théâtre-boudoir le plus coquet du monde, la danseuse se faisait comédienne et jouait avec beaucoup d'esprit et même de sensibilité. »

La reine Marie-Antoinette consultait la Guimard sur ses coiffures, et la Guimard savait tout le prix que la reine attachait à ses conseils. Un jour que, pour une escapade, on la menait au For-l'Evêque, tout comme une simple mortelle :

— Ne pleure pas, dit-elle à sa suivante ; je viens d'écrire à la reine que j'ai découvert une nouvelle façon d'échafauder les cheveux : je serai libre avant ce soir.

Et ce fut comme elle avait dit.

—

Une fois, après un ballet dansé devant le roi, il lui fit offrir une pension de quinze cents livres.

— J'accepte, dit-elle, à cause de la main dont elle vient, car c'est une goutte d'eau dans la mer ; c'est à peine de quoi payer le moucheur de chandelles de mon théâtre.

En effet, qu'était-ce que quinze cents livres pour une femme qui dépensait trois à quatre cent mille livres par an ?

La Guimard n'avait jamais été belle ni même jolie ; mais elle avait été charmante. Elle fut toujours un peu maigre. M. de Jarente avait enrichi cette demoiselle des deniers de la feuille des bénéfices, ce qui faisait dire à Sophie Arnould :

— Je ne sais pas comment ce petit ver à soie est si maigre, il vit cependant sur une si bonne feuille !

—

Le chevalier de Saint-Georges sollicitait l'administration de l'Opéra.

Les principaux acteurs s'y opposaient. Mlle Guimard, dans un accès d'indignation, s'écria :

— Il faudrait d'abord y préparer le public en lui faisant voir Vénus négresse, débarbouillant l'Amour mulâtre.

On sait que le chevalier de Saint-Georges était mulâtre; il fit cette réponse au propos malveillant :

> Si la Vénus était l'insipide Guimard,
> L'Amour renoncerait à ses grâces allègres ;
> Et, corps, jambes et bras effrayant le regard,
> Ne seraient plus qu'engins à bâtonner les nègres.

———

Dans les dissensions qui éclatèrent entre les acteurs de l'Opéra et leur directeur, M. de Vismes, Guimard disait à ses camarades avec cette superbe qui ne l'abandonnait jamais :

— Mesdames et messieurs, point de démissions combinées, c'est ce qui a perdu le Parlement.

———

— Le ministre veut que je danse, disait la Guimard, obligée de danser malgré elle; eh bien, qu'il y prenne garde; moi je pourrais bien le faire *sauter*.

*
* *

Ce qu'une danseuse fit de son « salaire »

Mlle Guimard, première danseuse de l'Opéra, avait eu un rendez-vous, dans un faubourg isolé, avec un homme dont la robe exigeait le plus grand mystère. Ayant vu la misère, la douleur et le désespoir du peuple de ce quartier, occasionnés par le froid excessif (janvier 1768), elle distribua une partie des 2,000 écus, « fruit de son iniquité », aux malheureux et porta le surplus au curé de Saint-Roch pour qu'il en fît le même usage.

Et Bachaumont ajoute : « On sera peut-être surpris qu'il y ait un homme assez fou pour payer aussi cher une semblable entrevue. »

La Guimard avait pour « armes parlantes » un écusson au milieu duquel était un marc d'or d'où sortait un gui de chêne ; les Grâces servaient de supports et le cartouche était couronné par des Amours : tout était ingénieux dans cet emblème.

Mlle DUBOIS

Cette actrice était violemment éprise du danseur d'Auberval, avec qui elle avait vécu pendant une dizaine d'années et prétendait en avoir eu un enfant.

Après s'être retirée du théâtre, elle voulut donner une sanction régulière à cette union illégale ; comme le danseur ne partageait pas du tout ce désir, la Dubois fit intervenir Mme Du Barry, qui avait des bontés pour elle.

La comtesse voulut bien se prêter à cette négociation. Elle fit venir le sieur d'Auberval, « qu'elle protége et qui l'amuse », dit le chroniqueur; elle lui énuméra la fortune de la Dubois et tout le bonheur qui en résulterait pour lui.

D'Auberval répondit qu'il n'avait jamais eu un goût bien décidé pour l'actrice, et que quant à l'enfant qu'elle prétendait lui appartenir, vingt autres pouvaient en réclamer la paternité.

« Mme Du Barry, toujours bien disposée pour d'Auberval, disent les *Mémoires secrets*, et voulant le rendre heureux, lui a proposé de lui donner Mlle Raucourt. Il s'est également refusé à cette invitation. »

SOPHIE ARNOULD

C'était une Parisienne dans toute la force du mot; elle était douée d'une physionomie pleine d'agrément, et d'une belle voix. Elle eut de brillants succès comme cantatrice et beaucoup plus comme femme d'esprit et autre chose encore. Quelques-uns de ses mots vont en donner la preuve.

Après la première représentation du *Mariage de Figaro*, quelqu'un disait :
— Mais c'est une pièce qui ne se soutiendra pas.
— Oui, répondit la célèbre actrice, c'est une pièce qui tombera... quarante fois de suite.

Et elle était bien au-dessous de la vérité, car elle fut jouée pendant deux années.

———

Beaumarchais dénigrait devant elle l'opéra de *Zoroastre*, qui devait inaugurer la nouvelle salle de l'Opéra.

— Voilà, disait-il, une très-belle salle ; mais vous n'aurez personne à votre *Zoroastre*.

— Oh ! oh ! repartit Sophie Arnould, vos *Deux Amis* nous en enverront.

On sait que cette dernière pièce tomba à plat.

———

Mlle Guimard lui avait écrit une lettre furibonde, où elle l'accusait d'avoir commis sept fois par jour les sept péchés capitaux ; Sophie Arnould écrivit au bas :

« Fait double entre nous. »

Et elle mit sa signature à côté de celle de la Guimard.

———

Sophie Arnould se glorifiait en quelque sorte de ses péchés mignons, et le titre de courtisane ne l'effrayait pas.

En parlant de la mort du roi et de l'exil de la Du Barry, elle disait :

— Nous voilà orphelins de père et de mère.

———

Cette actrice, assistant à une représentation du *Guillaume Tell* de Lemierre et n'y voyant presque personne, fit cette réflexion :

— On dit ordinairement : Point d'argent, point de Suisse; ici il y a bien plus de Suisses que d'argent.

—

Après la première représentation de *Zémire et Azor*, opéra dont Marmontel avait écrit les paroles et Grétry la musique, et qui avait été inspiré à l'auteur par le charmant conte de *la Belle et la Bête*, Marmontel rencontrant Sophie Arnould, lui demanda ce qu'elle pensait de son opéra; la caustique actrice lui répondit :

— Oh! mon pauvre ami, je crois que c'est la musique qui est la belle.

—

M. le marquis de Villette ayant demandé à Sophie Arnould ce qu'elle pensait de sa femme, dont Voltaire était le tuteur avant son mariage, l'actrice lui répondit :

— C'est une fort belle édition de *la Pucelle*.

—

Sophie Arnould disait, un jour que l'on applaudissait avec enthousiasme Mlle Levasseur :

— Ce n'est pas étonnant, elle a pour elle la *voix du peuple*.

—

Un soir, on avait fait des épigrammes sur Mme de Pompadour, à un souper chez Sophie Arnould. Le lieutenant de police la fit venir le lendemain :

— Mademoiselle, où avez-vous soupé hier ?
— Je ne me le rappelle pas, monseigneur.
— Vous avez soupé chez vous.
— C'est possible.
— Vous aviez du monde ?
— Apparemment.
— Quelles personnes ?
— Je ne m'en souviens pas.
— Vous ne vous souvenez pas de ceux qui ont soupé hier chez vous ?
— Non, monseigneur.
— Mais il me semble qu'une femme comme vous devrait se rappeler ces choses-là.
— Oui, monseigneur ; mais devant un homme comme vous, je ne suis plus une femme comme moi.

—

Voici une curieuse lettre, qui prouve qu'elle avait le style aussi facile que la repartie ; elle écrivait à propos de l'incendie de l'Opéra.

« Paris, 26 juin 1781.

«... Cet incendie a laissé presque nues les divinités de l'Opéra...

« Le feu s'est communiqué au magasin des costumes, et ce n'est pas sans miracle qu'on est parvenu à en sauver quelques-uns. La ceinture de Vénus est consumée, les Grâces iront sans voile; le bonnet de Mercure, ses ailes et son caducée, néant! Depuis longtemps l'Amour n'avait rien à perdre à l'Opéra; aussi ne perd-il rien... L'égide de Pallas et la lyre d'Apollon sont en cendres...

« Le char du Soleil et de la Nature, qui se tenait si gracieusement en l'air dans le très-naturel prologue de *Tarare*, n'a pas été épargné, non plus que la quantité de linons qui drapaient de grosses ombres très-palpables, et dois-je ajouter palpées?... A quoi sert de médire? Je ne finirais pas, chère amie, si je vous contais toutes nos pertes...

« Mais on dit qu'avec de l'argent on répare tout.

« Sophie. »

Mlle Vestris se récriait sur la fécondité de Mlle Rey; elle ne concevait pas comment cette fille se laissait prendre si souvent.

Sophie Arnould, qui ne laissait passer aucune occasion de dire un mot méchant, lui répondit :

— Vous en parlez bien à votre aise; une souris qui n'a qu'un trou est bientôt prise!

Un amoureux de Mlle Durancy, voulant lui souhaiter sa fête, présenta à cette actrice un bouquet, qu'il voulut lui placer sur le sein. Comme la demoiselle s'y opposait, l'amoureux lui enleva son fichu.

Mlle Durancy voulut se fâcher.

— Calme-toi, lui dit Sophie qui entrait au moment de ce petit débat; ne sais-tu pas que les jours de fête on découvre les saints ?

———

Elle causait un jour avec un membre de l'Institut du nouveau système des poids et mesures; elle en approuvait l'uniformité, mais elle en blâmait les dénominations :

— On aura beau faire, disait-elle, les hommes auront toujours deux poids et deux mesures.

Puis elle ajouta en riant :

— Cette nomenclature scientifique ne pourra jamais se loger dans la tête des femmes; elles aimeront bien le centimètre, mais comment leur parler de stère?

———

Une jeune danseuse était amoureuse folle d'un violon de l'Opéra.

Sa mère s'en plaignait amèrement en présence de Sophie Arnould, qui d'un ton magistral prononça ces paroles mémorables :

— Mademoiselle, vous n'avez pas l'esprit de votre état; que vous cédiez à des goûts, on vous les passe, pourvu que cela ne fasse point de bruit :

mais une demoiselle de l'Opéra ne doit avoir ouvertement un cœur que pour la fortune.

— C'est bien parler, s'écrie la mère ; voilà ce qui s'appelle avoir du jugement. Ah ! mademoiselle, que ma fille n'a-t-elle votre esprit !

—

Une dame, qui avait beaucoup de beauté mais peu d'esprit, se plaignait d'être obsédée par une foule d'adorateurs.

— Eh ! madame, lui dit Sophie, il vous serait si facile de les éloigner !

— Et comment ?

— Vous n'avez qu'à parler.

—

Une actrice de l'Opéra recevait des bienfaits d'un riche boucher.

Un jour, à la répétition, un gros chien vient sur le théâtre ; elle lui donne un coup de pied.

— Tu n'as guère d'égards, lui dit Mlle Arnould ; ne vois-tu pas que c'est le coureur de ton amant ?

—

Cette spirituelle cantatrice vécut pendant quelque temps avec un personnage que nous ne nommerons pas ; il était fort bête, mais il possédait des arguments de conversation qui ne déplaisaient pas à l'épicurienne artiste.

— Comment peux-tu vivre avec un tel animal ? lui disait une de ses amies.

— Que veux-tu, ma bonne ; c'est une ânerie que j'ai faite là, il faut l'avaler.

Invitée à la prise de voile de Mlle de Sainte-Honorine, Sophie Arnould s'en excusa en disant de cet air qui n'appartenait qu'à elle :

— Les bons exemples sont trop dangereux.

On plaignait un jour, dans une société, une dame quelque peu galante qui venait de perdre toute sa fortune dans une banqueroute.

Sophie, toujours prête à lancer un quolibet, s'écria :

— Ne vous désolez pas tant ; elle n'est pas entièrement ruinée ; une femme est toujours assise sur ses capitaux.

Le duc de Praslin demandait à Mlle Arnould des nouvelles d'une actrice de l'Opéra, dont il cherchait vainement à se rappeler le nom.

— C'est une jeune personne, lui dit-il, dont le nom finit en *ain*.

— Oh ! monsieur le duc, vous ne le trouverez pas, tous nos noms finissent comme cela.

Voyant réunis sur une tabatière — par quelque flatterie de courtisan — le portrait de Sully et celui de Choiseul :

— C'est, dit-elle, la recette et la dépense.

—

Rencontrant Gentil-Bernard rêvant sous un arbre :

— Vous voyez, dit le poëte, je m'entretiens avec moi-même.

— Prenez garde, vous causez avec un flatteur.

—

On connaît la liaison de cette actrice avec le comte de Lauraguais, dont elle eut plusieurs enfants, entre autres un fils qui devint colonel de cuirassiers et fut tué à la bataille de Wagram.

Une danseuse très-jolie nommée Robbe avait « donné dans les yeux du comte », qui fit part de ses impressions à sa maîtresse. Celle-ci, aussi insoucieuse que son amant, lui demandait un jour où il en était avec sa nouvelle adorée.

Le comte lui répondit qu'il était désolé de voir toujours chez la nouvelle divinité un certain chevalier de Malte qui l'inquiétait fort.

— Un chevalier de Malte ! s'écria Sophie, vous avez bien raison, monsieur le comte, de craindre cet homme-là : il y est pour chasser les infidèles.

Le comte de Lauraguais était un mystificateur. Voulant se venger des assiduités du prince d'Hénin auprès de la spirituelle actrice, il fit assembler les plus célèbres médecins de la Faculté, et leur posa cette question :

— Peut-on mourir d'ennui ?

Sur la réponse affirmative de ces messieurs, il alla porter plainte chez un commissaire contre le prince d'Hénin, l'accusant de faire périr d'ennui une actrice chère au public. Il requit, en conséquence, qu'il fût enjoint audit prince de s'abstenir de toute visite à l'actrice, jusqu'à parfaite guérison de la maladie d'ennui dont il était la cause.

—

Sophie avait aimé le comédien Florence, et après quelques mois, elle l'avait congédié avec éclat. Mme de Murville — fille de Sophie Arnould — applaudissait à cette rupture, qu'elle croyait sincère.

Peu après, allant voir sa mère, elle la trouva en tête-à-tête avec Florence. Quand celui-ci se fut retiré, elle témoigna son étonnement de la présence de cet homme.

— C'est pour affaire qu'il est venu ici ; car je ne l'aime plus.

— Ah ! j'entends, répliqua Mme de Murville, vous l'estimez à présent.

—

M. de Champcenetz fit un quatrain contre le prince d'Hénin, amant de Sophie Arnould; il est assez bien corsé :

> Depuis qu'auprès de ta ca...
> Tu fais un rôle des plus minces,
> Tu n'es plus le prince d'Hénin,
> Mais seulement le nain des princes.

Ce quatrain valut à l'auteur deux ans d'exil; mais il ne fut détenu que deux mois au château de Ham.

———

On demandait un jour à Mme de Murville quel âge avait sa mère.

— Ma foi, je n'en sais plus rien, répondit-elle; chaque année ma mère se croit rajeunie d'un an; et si cela continue, je serai bientôt son aînée.

———

L'abbé Galiani ne paraît pas avoir été enchanté de la voix de cette cantatrice; se trouvant un jour au bal de la cour, il dit :

— C'est le plus bel asthme que j'aie jamais entendu.

———

Pendant la Révolution, Sophie se réfugia à sa maison des pénitents de Saint-François, à Luzarches, bien national qu'elle avait acheté; elle fit graver cette inscription sur la porte : *Ite, missa est.*

———

Sophie mourut en 1808. Lorsqu'elle reçut l'extrême-onction des mains du curé de Saint-Germain-l'Auxerrois, elle lui dit :

— Monsieur le curé, je suis comme Madeleine ; beaucoup de péchés me seront remis, je l'espère, car j'ai beaucoup aimé.

**

A qui Dufresny voulait bien lire ses comédies

Il avait lu à plusieurs de ses amis, gens d'esprit, une de ses comédies, qu'ils louèrent outre mesure, et qui à la représentation fut impitoyablement sifflée.

Ce jugement favorable, qui avait été cruellement cassé, lui fit dire un jour au comte d'Argental qu'il ne voulait plus lire ses pièces à des gens d'esprit et qu'il ne s'adresserait qu'à de bonnes gens, même à des imbéciles. La chaleur de son argumentation l'entraînant, il ajouta :

— Tenez, monsieur d'Argental, voulez-vous que je vous la lise ?...

A deux de jeu

Un petit-maître, étant à la Comédie-Italienne, jeta aux pieds de Scaramouche une paire de petites cornes de chevreuil en lui criant :

— Ramasse tes cornes, Scaramouche.

Celui-ci les prend et, après s'être tâté le front, les rejette au mauvais plaisant en lui disant :

— J'ai encore mes cornes, monsieur ; reprenez celles-ci, ce sont les vôtres.

Les inconvénients de faire un bœuf à deux

Le domestique de Favart, passionné pour le théâtre, voulait absolument jouer la comédie. On lui fit représenter la moitié d'un bœuf dans une parodie de l'opéra de *Thésée*. Expliquons-nous :

La monture du héros était le Bœuf gras, figuré par une machine de carton qui se mouvait au moyen de deux hommes renfermés dans son intérieur ; le premier un peu incliné, le second la tête appuyée sur la chute des reins de son camarade.

Léger — c'était le nom de ce domestique-artiste — avait obtenu l'honneur de « jouer » le rôle des « jambes de devant ». Par malheur, pour atténuer les émotions d'un début, le gaillard avait copieusement dîné, et la position que nous avons décrite ne lui permit pas de retenir une flatuosité qui faillit suffoquer son « suivant ». Celui-ci, dans un mouvement de colère et pour se venger de l'effet sur la cause, mord ce qu'il trouve sous ses dents. Léger pousse un rugissement et, par un brusque mouvement, se soustrait à ce supplice ;

le bœuf se sépare en deux, et le superbe Thésée tombe tout de son long sur la scène.

Il n'y a pas besoin de dire que la représentation fut gravement compromise.

Mlle LEVASSEUR

A une représentation de l'*Alceste*, de Gluck, Mlle Levasseur venait de dire avec un accent sublime d'indignation et de douleur, ce vers :

Il me déchire et m'arrache le cœur.

Un grincheux s'écria :

— Et vous, mademoiselle, vous m'arrachez les oreilles.

Son voisin, ému et indigné, lui répondit :

— Ah ! monsieur, quelle bonne fortune, si c'est pour vous en donner d'autres.

CHASSÉ

Ce chanteur était fanatique de son art; il s'identifiait tellement avec le personnage qu'il représentait qu'ayant un jour fait une chute, — c'était au premier acte de *Castor et Pollux*, — il cria aux gens des chœurs qui le suivaient :

— Passez-moi sur le corps et marchez toujours à l'ennemi.

Il eut la gloire d'être cause d'un duel entre deux dames du grand monde qui se disputaient ses « bonnes grâces », l'une Française, l'autre Polonaise ; elles se battirent au pistolet dans le bois de Boulogne ; la Française fut blessée et enfermée dans un couvent après sa guérison ; l'étrangère dut quitter la France.

Pendant le petit trouble que cette aventure causa dans le monde galant, Chassé demeura chez lui, couché sur un sofa, comme une femme sensible désespérée d'être la cause d'un duel entre deux de ses adorateurs.

Louis XV lui fit dire par Richelieu de cesser cette comédie. Chassé répondit :

— Dites à Sa Majesté que ce n'est pas ma faute, mais celle de la Providence, qui m'a créé l'homme le plus aimable du royaume.

— Apprenez, faquin, repartit le duc, que vous ne venez qu'en troisième ; je passe après le roi.

MONVEL

Le père de Mlle Mars et le rival de Molé était petit, grêle et avait une voix qui paraissait fêlée. Sa maigreur extrême faisait dire à Sophie Arnould :

— C'est un amant à qui on a toujours envie de donner à manger.

Ce qui ne l'empêchait pas d'avoir beaucoup de talent.

Dans le drame de *l'Abbé de l'Épée,* il commence par ces mots :

« Voici le sujet qui m'amène. Je serai peut-être un peu long... »

— Tant mieux ! s'écria une voix du parterre.

Et toute la salle applaudit.

DUGAZON

Nous avons rapporté à l'article Desessarts une mystification que lui fit Dugazon ; en voici une autre, mais un peu plus corsée :

Un jeune maître des requêtes, fils du fermier général De Caze, était amoureux fou de Mme Dugazon, actrice des Italiens.

Pour mieux couvrir son jeu, il avait présenté le mari chez son père, et là, l'acteur et le jeune magistrat faisaient des parades qui divertissaient beaucoup la compagnie et les maîtres de la maison.

Mais Dugazon se douta bientôt du motif réel de son introduction dans cette famille.

Pour avoir une preuve complète de l'infidélité de sa moitié, il s'introduit un matin dans l'appartement du jeune De Caze, et le force, le pistolet sur la gorge, de lui rendre les lettres et le portrait de sa femme, puis il se retire.

Le premier moment de frayeur passé, le jeune homme le poursuit en criant :

— Au voleur ! à l'assassin !

Dugazon, qui était dans l'escalier, sans se retourner ni précipiter son pas, répond avec un grand sang-froid :

— A merveille, bien joué, la scène est excellente ; les domestiques y seraient pris s'ils n'étaient accoutumés à nos farces...

Et il gagne la porte, laissant les valets incertains si c'est une comédie ou la réalité.

—

Quelques jours plus tard, Dugazon aperçoit M. De Caze sur le théâtre. La représentation finie, la foule écoulée, choisissant un moment où les quelques personnes restées ne regardent pas de leur côté, il applique deux vigoureux coups de canne sur les épaules du maître des requêtes ; puis reprend l'air nonchalant d'un homme indifférent à ce qui se passe.

M. De Caze, qui s'est retourné à cette « admonestation » douloureuse, voit son rival, peste, jure, crie. On ne sait ce que cela veut dire. Chacun veut avoir des explications. Dugazon se mêle aux questionneurs, et demande au maître des requêtes si c'est une parade qu'il veut jouer.

Le magistrat, à demi fou, lui répond qu'il est un assassin, qu'il vient de lui donner des coups de canne.

Dugazon le persifle, prétend qu'un histrion comme lui n'aura jamais cette effronterie. Bref, comme il n'y avait pas de témoins, cela n'eut pas de suite.

Dugazon se vanta plus tard du fait. Il y avait cependant des détails qui eussent dû lui faire garder le silence.

———

Ce jeune magistrat n'avait pas de chance avec cette actrice. Peu de mois après cette aventure, il se faisait administrer un furieux coup d'épée par un officier aux gardes à qui il voulait empêcher de critiquer Mme Dugazon.

———

Il paraît que cette dame en faisait voir de toutes les couleurs à son mari. Les *Mémoires secrets* racontent, à la date du 13 mai 1779, que Dugazon lui écrivit une lettre où il lui rappelait ses déportements, et « après lui avoir fait une longue énumération de ses infidélités, il lui reprochait d'en être venue jusqu'à se livrer à un Langeac. »

La dame ayant montré cette lettre à son amant, Langeac déclara qu'il le bâtonnerait. Dugazon alla lui demander quand il se proposait d'exécuter son projet. Le chevalier lui donna un soufflet, que Dugazon lui rendit et avec usure.

LARIVE

Après la mort de Lekain, Larive fut choisi pour lui succéder dans les grands rôles, mais il n'était pas à la hauteur de celui qu'il remplaçait; ce qui fit dire à un plaisant :

— Lekain, en passant le fleuve du Styx, n'a pas laissé son esprit à « la rive ».

Ce mot a été versifié :

> Ah ! quel affreux malheur m'arrive,
> A dit Melpomène à Caron ;
> Lekain a passé l'Achéron,
> Mais il n'a point laissé ses talents sur *la rive*.

Un moyen de séduction

Un grand seigneur, dit Furetière, assistant au spectacle dans une ville de province, fut touché des larmes de l'amoureux, qui ne pouvait décider l'héroïne à se rendre à ses désirs.

Alors, oubliant l'endroit où il se trouvait, il s'adressa au comédien en lui criant :

— Parbleu ! pauvre prince, tu me fais pitié ; donne-lui seulement quatre pistoles, comme j'ai fait tantôt, et elle te cédera tout de suite.

Ça réussit-il toujours ?

Grandval, qui jouait si bien les petits-maîtres, voulait engager Mlle Brillant à accepter, dans une pièce nouvelle, un rôle de courtisane qu'elle refusait.

Impatienté, il lui dit :

— Croyez-moi, notre métier est une école plus utile que vous ne pensez; ce n'est qu'en jouant les fats que j'ai appris à ne l'être pas.

Mlle GAUTHIER

Cette demoiselle fut d'abord comédienne et ensuite carmélite. Elle fut reçue au Théâtre-Français en 1716 et le quitta dix ans après. Elle était grande, bien faite, et avait beaucoup de fraîcheur. Elle faisait assez bien les vers et peignait supérieurement en miniature. Sa force était prodigieuse pour une femme et peu d'hommes auraient pu lutter avec elle. Le maréchal de Saxe, qu'elle avait défié, l'emporta sur elle à la lutte au poignet; mais il avouait que de tous ceux qui avaient voulu s'essayer contre lui, c'était Mlle Gauthier qui lui avait résisté le plus longtemps. Elle roulait une assiette d'argent comme une bobine entre ses doigts.

BRUEYS ET PALAPRAT

Ce furent deux bons amis, ce qui n'excluait pas quelques pointes sarcastiques de Brueys contre son collaborateur.

On raconte qu'étant dans une compagnie avec Palaprat, l'abbé Brueys, parlant du *Grondeur*, disait avec son accent gascon :

— Lé prémier ate est écélent : il est tout dé moi. Lé second, couci, couci : Palaprat y a travaillé. Pour lé troisième, il né vaut pas lé diable : jé l'avais abandonné à ce barbouillûr.

—

Le roi demandait un jour à Brueys comment allaient ses yeux, auxquels il avait mal :

— Sire, répondit-il, mon médecin dit que j'y vois un peu mieux.

**

Un auteur qui se bat parce qu'on applaudit sa pièce

Nous n'étonnerons pas nos lecteurs en leur disant que cet original fut Saint-Foix, qui eut vingt duels pour les motifs les plus futiles. Celui-ci est de notre ressort.

Se trouvant au parterre, à la première représentation d'une de ses pièces, à côté d'un amateur qui applaudissait de toutes ses forces, il s'en inquiéta.

— Pourquoi cet homme-là m'applaudit-il ainsi sans mesure? se dit-il à lui-même. C'est pour me faire siffler. On va croire que j'ai une cabale.

Enfin, pour avoir le cœur net, il demande à son voisin pourquoi il applaudit.

— Parce que la pièce me plaît.
— Vous pourriez applaudir moins fort.
— J'applaudis comme je sens.
— Vous sentez mal...

On pense bien qu'une conversation commencée sur ce ton devait finir par un coup d'épée, que reçut Saint-Foix en déclarant qu'il n'avait jamais « reçu un éloge plus flatteur ».

Un monsieur qui n'est pas commode

A une des représentations d'*Aben Saïd*, tragédie de l'abbé Le Blanc, le chevalier de Tintiniac, officier dans les gardes-françaises, se tenait debout sur la scène. Un spectateur lui crie :

— Annoncez!

M. de Tintiniac ne remue pas. Les clameurs et les apostrophes du parterre redoublent; on lui crie :

— L'homme à l'habit gris-de-fer galonné d'or, annoncez! annoncez!

Le chevalier, comprenant que c'est bien à lui qu'on s'adresse, s'avance sur le bord du théâtre et dit :

— J'annonce que vous êtes des drôles que je rouerai de coups.

Et le parterre se tut.

—

Pourquoi Mlle d'Orléans prit le voile

Voici pourquoi Mlle d'Orléans prit le voile à l'âge de quinze ans :

Cette princesse était très-belle, dit Laplace, avait beaucoup d'esprit et « le goût très-vif ». Elle avait pour maître de chant Cauchereau, l'un des meilleurs acteurs de l'Opéra. Il avait de l'esprit et une figure agréable.

Un jour qu'il chantait à l'Opéra une scène très-passionnée, la jeune princesse, qui assistait à la représentation avec la duchesse d'Orléans, sa mère, s'écria, par un mouvement irrésistible :

— Ah! mon cher Cauchereau!...

La mère trouva cette exclamation trop forte, et sur-le-champ la destina au couvent.

—

Un jugement dans un calembour

Paméla, comédie de La Chaussée, n'eut pas de succès. Un monsieur, sortant de la représentation, est rencontré par un ami qui lui demande des nouvelles de la pièce ; l'interpellé lui répond :

— Elle pâmé, hélas !

—

Une actrice qui se dévoue

Le fait peut avoir un côté grotesque; j'y vois un dévouement sublime.

La troupe de Favart, qui accompagnait le maréchal de Saxe dans sa campagne de 1746, fut surprise par des hussards ennemis qui, après les avoir dépouillés, se préparaient à leur faire pis.

Mlle Grimaldi, danseuse, pour s'épargner la vue du sang qui commençait à couler, s'était couverte la tête du jupon qui lui était resté.

Entendant comploter contre ses camarades de certains projets, Mlle Grimaldi, emportée par son humanité, court au capitaine :

— Ah! monsieur, s'écrie-t-elle, épargnez mes camarades et prenez-moi pour victime, vous et vos braves soldats.

Le chef, désarmé par ce trait d'éloquence naturelle et de dévouement, remercia la Grimaldi de ses offres charitables, ordonna que l'on mît les comédiens en liberté, et... garda le butin. Inutile de dire que c'étaient des Allemands.

TACONNET

Cet acteur-auteur, qui mourut en 1750 à la Charité, disait, peu d'heures avant de mourir, à un charpentier moribond, son voisin :

— Dépêche-toi, mon ami, d'aller là-bas dresser

un théâtre, et dis à Pluton que ce soir j'y jouerai à sa cour *l'Avocat savetier* et *la Mort du Bœuf-Gras*.

*
* *

Un auteur comme on en voit peu

Audierne, qui fut un excellent géomètre, avait fait de la littérature dans sa jeunesse. Désirant avoir ses entrées au Théâtre-Français, il composa trois pièces, en un acte chacune, que les comédiens acceptèrent. Elles furent jouées toutes trois dans la même soirée. L'auteur avait fait un prologue dans lequel il annonçait qu'ayant voulu consulter le goût du public en lui présentant trois pièces d'un genre différent, il réclamait son indulgence en faveur de sa jeunesse.

Le prologue fut écouté et même applaudi; mais les trois pièces furent impitoyablement sifflées.

Audierne se consola de cette triple chute; il voulait seulement ses entrées au théâtre, et il les avait conquises. Seulement, une fausse honte le retenant — ou la crainte de reproches, — il n'osait aller jouir de ce droit, lorsqu'il fit la rencontre de Grandval, qui lui dit :

— Vous êtes bien singulier, et, je crois, le premier auteur qui néglige de venir toucher son argent.

— Comment! il m'est dû quelque chose?

— Sans doute; le quart de la recette de la première représentation vous appartient. Comme semainier, j'ai fait votre compte : il vous revient 600 livres.

Il alla toucher la somme et commanda un splendide festin auquel il invita ses amis, — sans oublier le semainier, — et en deux jours la somme fut croquée.

Quelques sarcasmes de Poinsinet

On sait que l'auteur du *Cercle ou la Soirée à la mode* fut l'objet de nombreuses mystifications; cela ne l'empêchait pas de manier le sarcasme avec une grande facilité.

Se trouvant au foyer de la Comédie-Italienne avec Mlle de Boizemont, qui avait autant de prétention à l'esprit que peu de talent à la scène, une dispute s'engagea entre eux. La galerie écoutait avec avidité les propos échangés. Mlle de Boizemont, irritée par les réponses piquantes de son adversaire, en fut bientôt réduite aux expressions de la colère :

— Eh quoi! s'écria-t-elle, ne pourrai-je me venger de ce petit monstre-là?

— Rien de plus facile, mademoiselle, répondit Poinsinet; accordez-lui vos faveurs.

— Oh! monsieur, ce que vous dites là est aussi

mauvais que *la Bagarre* (pièce de Poinsinet tombée à plat).

— Ah! mademoiselle, ne parlons de nos *pièces* ni l'un ni l'autre : c'est au public à en juger.

L'actrice, étouffant de rage de ne pouvoir répondre à un aussi cruel sarcasme, ne trouva d'autre moyen, pour sortir d'embarras, que de s'évanouir.

Mystifications sur mystifications

Puisque nous parlons de Poinsinet, disons un mot de quelques-unes des mystifications qu'il subit.

Palissot avait sur lui une si grande influence qu'il lui faisait accroire les absurdités les plus ridicules, et le rendait perpétuellement le jouet de toutes les sociétés qu'ils fréquentaient.

Lui ayant fait voir une lettre supposée d'un souverain d'Allemagne qui lui demandait un professeur pour son fils, Poinsinet demanda à Palissot de le protéger pour qu'il eût cette place. Celui-ci lui répond qu'il ne demande pas mieux, mais qu'il faut abjurer et se faire luthérien.

Poinsinet était d'humeur facile; il signe devant témoins tout ce que l'on veut.

Peu après, le mystificateur lui dit que son abjuration a fait du bruit, qu'il y a des ordres pour l'arrêter.

Poinsinet se déguise en femme — comme Pourceaugnac — et se cache dans une cave.

Son ami vient l'avertir un jour que sa retraite est découverte; mais qu'il connaît un certain philosophe cabalistique qui possède un secret pour rendre invisible.

Poinsinet veut en faire l'épreuve. L'adepte vient, lui frotte le visage avec une pommade quelconque et le conduit chez Landel, fameux traiteur, où ses amis soupaient.

Il entre, on ne fait pas semblant de le voir. On parle de lui comme s'il était absent, c'est-à-dire qu'on ne ménage ni ses mœurs ni son esprit. On ne se contente pas de mettre son amour-propre à la torture : tantôt on lui jette un verre de vin par le nez, tantôt une assiette dans les jambes.

A toutes ces gentillesses, il disait :

— Bon, bon, je suis invisible.

Encouragé par cette expérience, il prend la résolution de voler son père en sa présence même. Il s'introduit dans le cabinet du papa en marchant sur la pointe du pied, parce qu'on lui a dit que s'il posait le talon à terre le charme cesserait.

Quand le bonhomme — qui ne connaissait pas la mystification — le voit prendre de l'argent dans son secrétaire, il saisit un fouet et lui en applique une trentaine de coups, que Poinsinet reçoit en criant :

— Aïe! je sens bien que j'ai eu tort; aïe! sûrement, j'ai posé le talon.

—

Une autre fois, on lui dit qu'un certain homme l'avait insulté et qu'il fallait en tirer vengeance s'il ne veut être honteusement chassé de la société.

On l'enivre pour lui donner du courage, et quand il est déterminé à se battre, on le met en face d'un mannequin qu'il transperce d'un grand coup d'épée. Il croit avoir tué son homme et se tient caché jusqu'à ce qu'un des farceurs lui apporte sa grâce.

« Je ne parle point d'une carpe du Pont-Royal qui lui annonça ses hautes destinées, — dit Favart, auquel nous empruntons ces détails, — ni d'une infinité d'autres niaiseries auxquelles il ajoutait foi; ce qu'on ne croirait jamais, si le fait n'était attesté par nombre de témoins et par lui-même. »

—

Comment se divertissaient nos pères

Voici ce que l'on disait sur les acteurs du Théâtre-Français :

L'acteur le plus tranchant est Damas; le plus profond est Lacave; le plus vert est Dugazon; le plus propre est Dazincourt...

Ceci donnait à réfléchir aux innocents; mais les

malins ajoutaient : parce qu'il vit avec Desbrosses.

Et encore ce n'était peut-être pas vrai ; mais que voulez-vous ? quand on veut faire de l'esprit...

Mlle GRANDI

Cette danseuse fut victime d'une mystification du marquis de Louvois.

Ce grand seigneur, après avoir obtenu le « couronnement de sa flamme », lui demanda ce qui pourrait lui faire plaisir. La danseuse lui parla de chatons qui s'assortiraient à merveille avec un collier qu'elle possédait.

Le surlendemain la Grandi reçut une caisse de petits chats.

Une sentence involontaire

A la première représentation de l'*Ecossaise* de Voltaire, chaque trait s'appliquant à Fréron était accueilli avec acclamation. La femme de ce critique assistait à cette représentation ; elle faillit s'évanouir plusieurs fois.

Une personne crut devoir la consoler.

— Ne vous troublez point, madame ; le personnage de Wasp (c'est le nom qui remplace celui de Fréron) ne ressemble en aucune façon à votre mari. M. Fréron n'est ni calomniateur, ni délateur.

— Ah ! monsieur, répondit-elle ingénument, vous avez beau dire, on le reconnaîtra toujours.

RAMEAU

Ce compositeur ayant une discussion avec le chef d'orchestre, celui-ci jeta son bâton, qui vint frapper les jambes de Rameau. Repoussant le bâton du pied, il dit fièrement à l'irascible musicien :

— Apprenez, monsieur, que je suis ici l'architecte et que vous n'êtes que le maçon.

A la représentation des *Paladins*, il dit à une chanteuse :

— Allez plus vite, mademoiselle.

— Mais si je vais plus vite, répondit-elle, on n'entendra plus les paroles.

— Eh ! qu'importe, dit Rameau, pourvu qu'on entende la musique !

Cela ne doit pas étonner de la part de celui qui se vantait de mettre en musique un numéro de la *Gazette de Hollande*.

Se trouvant dans une réunion, il commit un anachronisme qui lui attira quelques railleries.

Plein de dépit, il va au clavecin et improvise

des passages admirables. Puis se tournant vers l'assistance :

— Je crois, messieurs, dit-il, qu'il est plus beau de trouver de tels accords que de savoir au juste dans quelle année Mérovée, Mérouée ou Mérouite est mort. Vous savez, et moi je crée ; je pense que le savoir ne vaut pas le génie.

Mlle PICCINELLI

Bachaumont dit en parlant de cette cantatrice que c'est une chanteuse de premier ordre qui n'a « pourtant pas dans le gosier toute la flexibilité qu'exige l'italien pour être chanté dans sa dernière perfection ».

Favart nous raconte une curieuse anecdote sur cette jeune personne.

Elle fut trouvée dans un champ par une pauvre villageoise qui l'éleva jusqu'à huit ou neuf ans comme sa popre fille.

Une de ces femmes, qui font un métier que nous ne nommons pas, passant dans le village où était élevée l'enfant, fut frappée de ses grâces naturelles et l'acheta pour une somme modique. Cette troisième mère lui fit donner une éducation convenable à ses desseins.

Puis, quand elle fut en âge, elle fit recevoir son élève dans un théâtre, espérant trouver une large rémunération de ses déboursés.

La nouvelle actrice n'entrait pas du tout dans ces combinaisons. Elle planta là sa troisième mère, et se mit sous la protection d'une quatrième de son choix qui l'amena à Paris et la fit recevoir aux Italiens.

Son succès fut éclatant; la renommée publiait partout ses succès; et voilà les différentes mères qui accourent à Paris, chacune la revendiquant.

La première dit :

— Elle est à moi, je lui ai donné la vie.

La deuxième réplique :

— Je la lui ai sauvée; je l'ai nourrie, elle m'appartient.

La troisième :

— Je l'ai achetée, je lui ai donné de l'éducation; qui peut contester mes droits?

La quatrième conclut :

— Elle s'est donnée librement à moi, et je travaille journellement à sa fortune, cela vaut mieux.

Notre cantatrice, pour les mettre d'accord, distribue à chacune de ces mères une égale somme d'argent. Les trois premières se retirent; la dernière reste pour lui servir de conseil.

La Piccinelli veut se marier avec un nommé Vezian, qui occupe un emploi considérable. Au moment de célébrer le mariage, on découvre que la cantatrice n'a pas été baptisée. On la baptise.

Le lendemain, avant de procéder à la cérémonie nuptiale, on interroge la future :

— Êtes-vous fille?

— Non, monsieur, répond la Piccinelli.

— Pourquoi dis-tu cela? s'écrie la quatrième maman en lui donnant un coup de coude.

— Parce que vous savez bien que j'ai eu un enfant.

— Qu'est-ce que ça fait? En es-tu moins fille pour ça?

Puis tirant le prêtre un peu à l'écart, elle lui dit :

— C'est vrai que cette petite malheureuse a fait un enfant; mais je vous avoue que je ne sais pas comment cela s'est fait.

— Comment, vous ne savez pas?

— Ne dites point cela si haut; prenez garde, le futur peut nous entendre. Eh bien, monsieur le curé, voilà : il est venu un jeune homme nous voir; je ne les ai laissés ensemble que le temps de descendre et de remonter, et v'lan, voilà que le bigre d'enfant est bâclé. Ainsi vous pouvez la marier en qualité de fille, de femme ou de veuve, comme il vous plaira; ça n'y fait rien.

Le célébrant eut beaucoup de peine à la faire taire et prononça le *vos conjungo* en riant sous cape.

Et Favart conclut : « Je ne sais pas si le mari sera celui qui rira le dernier. »

Ce que l'amour a vaincu

On lit dans l'*Encyclopédie récréative* une anecdote sur le bon abbé Pellegrin, que les critiques compétents contestent; en voici la substance :

Cet auteur, parmi beaucoup de tragédies, en aurait fait une intitulée *Loth*, qui tomba dès le premier vers sous les éclats de rire. Il faisait dire à son héros :

L'amour a vaincu Loth...

— Que n'en donne-t-il une à l'auteur? s'écria un plaisant du parterre.

Et, en effet, le pauvre Pellegrin n'en avait pas beaucoup.

—

Un auteur peu modeste

Le poëte Roy, plus célèbre par les coups de bâton qu'il reçut que par le succès de ses pièces, se reprochait à son lit de mort la morale voluptueuse de ses pièces, et quand son confesseur, pour le tranquilliser, l'assurait que tout cela serait oublié, le pénitent s'écriait avec componction :

— Ah! monsieur, elles sont trop belles pour que la France les oublie jamais.

Il aurait pu mourir tranquille depuis longtemps s'il n'avait eu d'autres péchés à se reprocher, dit Grimm.

—

Un jeu de mots

Un jour, étant à l'Opéra, quelqu'un demanda à Roy s'il ne donnerait pas bientôt quelque ouvrage nouveau à ce théâtre.

— Vraiment, oui, dit-il; je travaille à un ballet (c'était l'*Année galante*).

Une voix s'écria derrière lui :

— Un balai, monsieur, prenez garde au manche !

Une doublure qui se tire d'embarras

Un chef d'emploi étant tombé malade, on prit pour le remplacer dans *Ariane et Bacchus* un chanteur subalterne, qui fut reçu par une bordée de sifflets après son premier morceau.

Sans se déconcerter et regardant le parterre, il dit :

— Je ne vous conçois pas. Pensez-vous que pour 600 livres qu'on me paie par année, je vais vous donner une voix de 1,000 écus ?

Un homme qui s'y connaissait

Louis XV ayant défendu que l'*Ésope à la cour* fût rejoué à Choisy, parce qu'il y trouvait de l'immoralité :

— Bien jugé ! dit M. de Montville, le roi s'y connaît.

Mlle LACOUR

Chamfort raconte que le duc de La Vallière — célèbre par sa bibliothèque — voyant à l'Opéra la petite Lacour sans diamants, lui demanda comment cela se faisait.

— C'est, lui dit-elle, que les diamants sont la croix de Saint-Louis de notre état.

Sur ce mot, il en devint amoureux fou et vécut longtemps avec elle. Elle le subjuguait par les mêmes moyens qui réussirent à Mme Du Barry près de Louis XV. Elle lui ôtait son cordon bleu, le mettait à terre, et lui disait :

— Mets-toi à genoux là-dessus, vieille ducaille.

Mlle LAGUERRE

Cette demoiselle, qui mourut fort jeune et de la suite de ses excès bachiques, n'était ni jolie ni bien faite; mais elle avait une très-belle voix et un jeu très-intelligent.

M. de Bouillon lui avait facilité les débuts de la carrière théâtrale en dépensant pour elle à peu près 800,000 livres, ce qui fâcha fort le roi, qui du reste avait un motif plus grave contre ce seigneur : il avait fait un parallèle cynique entre cette artiste et la reine, propos rapporté à Sa Majesté.

L'actrice vengea la morale en quittant M. de Bouillon peu de temps après.

Comme elle jouait un soir dans un état d'ébriété un peu plus que prononcé, Sophie Arnould s'écria :

— Ce n'est pas *Iphigénie en Aulide*, cela ; c'est *Iphigénie en Champagne*.

Un oubli réparé

Une fatalité d'imprimerie nous a fait omettre cette anecdote à l'article DUMESNIL. Ce serait un remords pour nous et une mauvaise action envers nos lecteurs que de ne pas réparer cet oubli :

Le lendemain de la représentation de *Mérope* où Mlle Dumesnil eut « l'audace de courir sur la scène », l'ambassadeur de Prusse alla lui rendre une visite pour la complimenter. Il la trouva occupée à tricoter un bas, et ne sut en quels termes exprimer son admiration pour la femme et pour l'artiste en apercevant une traduction de Tacite qu'elle lisait en tricotant.

Un Arlequin pris pour le diable

Il se nommait Rich, et remplissait les rôles d'Arlequin à un théâtre de Londres.

Sortant un jour de la comédie, il appelle un cocher et lui dit de le conduire à la taverne du *Soleil*.

Avant que le fiacre s'arrête, Rich voit qu'une fenêtre de la taverne est ouverte; d'un bond il saute de la portière dans la salle.

Le cocher descend, ouvre son carrosse et est bien surpris de n'y trouver personne.

Tout en jurant contre celui qui l'a escroqué, il remonte sur son siége, tourne et s'en va.

Rich saisit l'instant où la voiture repasse vis-à-vis la fenêtre, et d'un saut se remet dedans. Puis il crie au cocher qu'il se trompe et qu'il a passé la taverne.

Le cocher, tremblant, se retourne de nouveau, et s'arrête devant la porte.

Rich descend de voiture, gronde cet homme, tire sa bourse et veut le payer.

— A d'autres, monsieur le diable, crie le cocher, je vous connais bien; vous voudriez m'empaumer. Gardez votre argent.

A ces mots, il fouette et se sauve à toute bride.

—

Une jambe de 25,000 fr. pour 2 fr. 50

Lord Fife donna un jour à une célèbre actrice, Mme Vestris, 1,000 guinées pour qu'elle consentît à laisser mouler sa jambe, qui était d'une beauté merveilleuse.

Quand le lord mourut, cette jambe, si chère

à double titre, fut vendue une demi-couronne (2 fr. 50).

Ainsi passent les gloires de ce monde.

Que de choses dans un menuet !

Voici l'origine de cette allusion littéraire que quelques lettrés font quelquefois.

Marcel, célèbre maître à danser de Paris, mort en 1759, se rendait ridicule par l'importance qu'il attachait à son art.

On le vit un jour, la main appuyée sur son front, l'œil fixe, le corps immobile et dans l'attitude d'une profonde méditation, s'écrier tout à coup en voyant danser une écolière :

— Que de choses dans un menuet !

Un danseur anglais, fort célèbre, arrive à Paris, se rend chez Marcel.

— Je viens, lui dit-il, vous rendre un hommage que vous doivent tous les gens de notre art. Souffrez que je danse devant vous et que je profite de vos conseils.

— Volontiers, répond Marcel.

L'Anglais fait des pas très-difficiles et mille entrechats.

Marcel le regarde et s'écrie tout à coup :

— Monsieur, l'on saute dans les autres pays, mais on ne danse qu'à Paris.

Mlle ALLARD

Cette danseuse fut renvoyée de l'Opéra parce qu'elle devenait trop grosse et « qu'elle faisait continuellement des enfants ».

« Les demoiselles de ce théâtre se récrièrent ; elles ne voulaient point qu'on leur interdise une liberté qui tient à leur plaisir et plus encore à leur fortune, » dit Bachaumont.

SARRASIN

C'était un acteur mou. Voltaire lui faisant répéter l'invocation au dieu Mars, dans le rôle de Brutus, s'impatienta de sa froideur :

— Eh ! monsieur, lui dit-il, songez donc que vous êtes Brutus, le plus ferme de tous les consuls de Rome, et qu'il ne faut point parler au dieu Mars comme si vous disiez : « Ah ! bonne Vierge, faites-moi gagner un lot de cent francs à la loterie. »

**

Un comédien qui ne mâche pas le mot

Un vieux comique est chargé d'annoncer au public qu'un de ses camarades étant indisposé, un autre acteur va le remplacer.

Un spectateur s'écrie :

— Non, non; il nous le faut mort ou vif !

Après avoir renouvelé les trois saluts traditionnels, l'acteur chargé de l'*annonce* réplique avec un ton d'exquise politesse :

— Messieurs, je suis payé pour dire ici des bêtises, mais jamais je n'en aurais trouvé une de cette force-là.

Et la salle d'applaudir.

Est-ce un compliment ?

Saint-Foix vint un soir, dans le foyer de la Comédie-Française, se placer à côté d'une actrice, et lui dit :

— Mademoiselle, j'entendais raisonner faux, mais avec beaucoup d'esprit : j'ai cru que c'était vous.

Un dîner comme on n'en voit plus

Bullier, ce riche fermier général, résolut de donner aux dames de l'Opéra un repas d'une espèce toute nouvelle.

Il fit servir des plats remplis d'or et d'argent, en pièces toutes neuves, et dit à ces dames d'en prendre sur leur assiette à discrétion.

Cela dut lui coûter cher ; elles étaient une soixantaine.

La mieux partagée fut Mlle d'Auvergne, la maîtresse de l'amphitryon ; elle avait mis adroitement devant elle une assiette à soupe.

Un mot à enregistrer

Une femme d'esprit disait en sortant de la première représentation du *Faux généreux*, comédie de Bret :

— Cette pauvre pièce ! elle fait tout ce qu'elle peut pour n'être pas mauvaise.

CHÉRON

Un jour, ce célèbre chanteur se faisait décrotter avant d'entrer à l'Opéra ; le décrotteur ne voulant pas recevoir le prix de sa besogne :

— Pourquoi ce refus ? dit Chéron.

— Entre confrères, répond le décrotteur, on se rend de mutuels services.

— Comment confrère ?...

— Oui ; vous jouez les rois à l'Opéra, moi j'y joue les monstres.

—

Le chevalier Duplessis, auteur du livret de *Pizarre*, dénigrait Guillard, disant qu'il ne connaissait pas de plus mauvais auteur lyrique. Chéron lui répondit avec malice :

— Ah! monsieur le chevalier, vous vous oubliez.

Duplessis descendait d'une famille juive; ayant fait une pièce, *Pizarre ou la Conquête du Pérou*, qui n'eut aucun succès, un plaisant s'écriait :

— Je crois que c'est la première fois qu'un juif fait quelque chose sans *intérêt*.

Un petit détail, qui a la curiosité d'une anecdote, et que nous apprend Castil-Blaze : la voix de Chéron sonnait avec une telle violence qu'en soufflant dans un verre, il le faisait voler en éclats; une seule note, attaquée avec toute la force de ses poumons, suffisait pour briser une coupe de cristal. Cette note était le même *ré* que Lablache se plaisait à faire tonner à l'aigu dans le finale du *Matrimonio segretto*.

Le premier acteur qui sut se bien grimer

Nous trouvons ces détails dans une lettre de Favart, qui les tenait de Lelio Riccoboni :

Ce dernier avait vu une comédie dans laquelle un vieillard de soixante ans jouait le principal rôle; l'acteur qui le remplissait lui ayant paru, par le naturel de son jeu, avoir l'âge du personnage, il voulut le connaître.

On le conduisit à la loge d'un jeune homme de dix-sept à dix-huit ans.

— Monsieur, lui dit Lelio, est-ce monsieur votre père qui a joué le vieillard?

— Non, monsieur, c'est moi.

— Cela n'est pas possible! il était tout ridé.

— Monsieur, répliqua le jeune homme en lui montrant plusieurs petits pots qui contenaient différentes couleurs, voici où je prends l'âge que je dois me donner, selon les rôles que j'ai à représenter : une teinture légère de carmin me donne la fraîcheur de la jeunesse; le cinabre me fait paraître plus mâle, et avec un peu d'indigo, dont je me frotte le menton, j'ai la barbe vigoureuse d'un homme de trente-cinq à quarante ans ; je mêle un peu d'ocre au vermillon pour acquérir dix années de plus, et, pour paraître décrépit, j'ajoute du safran, je me frotte de blanc d'Espagne les sourcils et le bas du visage, et avec ces petits pinceaux je me fais des rides; alors, en mesurant ma voix, mon attitude et mon geste aux différents caractères, je tâche, autant qu'il m'est possible, de m'approcher de la vérité pour faire plus d'illusion.

Lelio, frappé de l'intelligence de ce jeune homme, prédit qu'il serait le premier de son art.

Il ne se trompait pas : c'était Garrick.

Une anecdote va nous donner la preuve de ce merveilleux talent de transformation; nous l'empruntons au *Grand Dictionnaire* :

Après la mort de Fielding, ses amis ayant exprimé le regret qu'aucun peintre n'eût fixé sur la toile les traits de ce romancier célèbre, Garrick ne craignit pas de promettre de faire revivre Fielding quelques instants afin que Hogarth, qui était présent, pût esquisser rapidement son portrait.

La proposition ayant été acceptée, Garrick se retira dans une chambre voisine, où il fit les préparatifs nécessaires pour se donner, autant que possible, toutes les apparences extérieures du personnage.

Quand il reparut, tout le monde crut à l'instant reconnaître Fielding, et Hogarth s'empressa de tracer, sur ce régulier modèle, l'unique esquisse que l'on possède du visage de l'auteur de *Tom Jones*.

Intermèdes

Piron travaillait pour l'Opéra-Comique, qui était alors le Théâtre de la Foire. Comme il avait besoin d'argent, il faisait beaucoup de besogne, dont la quantité surpassait la qualité; aussi les chutes étaient-elles nombreuses.

Plus tard il disait :

— J'ai fait toutes les nuits des opéras-comiques qui tombaient tous les jours.

Quelques jours après la représentation des *Fils ingrats*, Piron s'était grisé avec un professeur de chant et un maître de danse.

Tous trois furent conduits devant le commissaire de police du quartier, qui était frère de La Fosse, l'auteur de *Manlius*.

— Qui êtes-vous? demande le commissaire à Piron.

— Je suis le père des *Fils ingrats*.

— Et vous, que faites-vous ?

— Nous apprenons à danser et à chanter aux *Fils ingrats*.

Le commissaire vit à qui il avait affaire.

— Ne vous effrayez pas, dit-il aux prévenus; nous sommes un peu de la même famille, car j'ai un frère qui est homme d'esprit.

— Pardieu! riposta Piron, j'en ai bien un moi aussi, mais, hélas! ce n'est qu'un imbécile.

―

Piron avait un faible pour ces *Fils ingrats*; il ne cessait d'en parler dans les sociétés. Il fut un jour contrarié par un homme qui mettait — avec raison — la *Métromanie* fort au-dessus :

— Ne m'en parlez pas, s'écria le poëte avec humeur, c'est un monstre qui a dévoré tous mes autres enfants.

―

A l'occasion de la pastorale *les Courses de Tempé*, qui réussit, et de la comédie *l'Amant mystérieux*, impitoyablement sifflée, qui virent le jour en même temps, Piron disait :

— Le public m'a baisé sur une joue et m'a donné un soufflet sur l'autre.

—

Un jeune homme, qui avait fait une tragédie, la lisait à Piron.

Après la lecture de quelques vers, Piron ôte son bonnet et salue. Cette pantomime étant répétée de temps à autre, l'auteur inquiet en demande le motif.

— C'est, dit l'auteur de la *Métromanie*, que j'ai l'habitude de saluer mes connaissances.

Mlle DOLIGNY

Cette actrice était vertueuse, et le cas semble extraordinaire à Bachaumont, qui paraît l'enregistrer avec plaisir :

« Mlle Doligny continue à donner des exemples d'une sagesse et d'une vertu rares. M. le marquis de Gouffier, éperdument amoureux d'elle, lui a d'abord fait les offres les plus brillantes qu'elle a refusées. Il a poussé la folie au point de la demander en mariage et de lui envoyer le contrat prêt à signer. Elle a répondu prudemment qu'elle s'estimait trop pour être sa maîtresse et trop peu pour être sa femme. »

Nous ajouterons que Mlle Doligny était une érudite, car ces mots avaient été dits par Catherine de Rohan à Henri IV.

Le souhait d'une actrice

Cette demoiselle se nommait Lemaure, avait une admirable voix et un grand talent d'actrice, quoique son instruction fût presque nulle. C'est elle qui disait :

— Oh ! que je désirerais me voir passer dans un carrosse à six chevaux !

Mlle LUZY

Bouret était un comique qui jouait d'une façon très-plaisante les rôles de niais.

Mlle Luzy, sa camarade, qui avait moins d'intelligence qu'une oie, — c'est Collé qui parle, — disait assez haut pour qu'il l'entendît :

— Comme il joue bien les bêtes !

— Oh ! mademoiselle, repartit Bouret, votre suffrage est bien flatteur pour moi ; vous devez vous y connaître, monsieur votre père en faisait.

Un moyen ingénieux d'exprimer son opinion

Dans la *Cléopâtre*, de Marmontel, l'héroïne se donne la mort à l'aide d'un aspic. C'était Vaucanson qui l'avait fabriqué. Au moment où Cléopâtre l'approchait de son sein, l'aspic sifflait avec grand bruit.

Comme on demandait à M. de Bièvre ce qu'il pensait de la pièce et qu'il ne voulait pas se compromettre :

— Je suis, répondit-il, de l'avis de l'aspic.

Petites morsures

On jouait à la Comédie-Française une pièce de Marmontel intitulée : *la Guirlande*. Pressé de se rendre à l'Opéra, l'auteur des *Contes moraux* prend une voiture et, craignant la foule, dit au cocher :

— Évitez le Palais-Royal.

— Ne craignez rien, monsieur, répond l'automédon, il n'y a pas foule, on joue une pièce de M. Marmontel.

Quand Marmontel présenta son *Dormeur éveillé* au Théâtre-Italien, il fut reçu avec acclamation. Clairval s'écria :

— Quelle musique notre Grétry va faire là-dessus !

Marmontel répondit gravement :

— C'est le grand Piccini qui fait ma musique.

— Tant pis pour vous, répondit une petite voix féminine.

Après deux ou trois représentations, la petite voix avait raison : le *Dormeur* ne se réveilla plus..., dit l'auteur des *Quatre Saisons*.

—

On s'étonnait, dans une société, que Marmontel, qui avait fait de si jolis *Contes*, eût fait de si mauvaises pièces.

— C'est, dit un plaisant qui connaissait l'irascibilité de cet auteur, que dans un moment de colère il a mis ses *Contes* en pièces.

———

Mlle COLLET

Elle était âgée de quinze ans et demi quand elle débuta à la Comédie-Italienne. Favart raconte cette naïveté, qu'il nomme « un trait de sa simplesse » :

Mlle Collet, piquée des préférences que M. de La Ferté accordait à Mlle Lafond, sa bonne amie, alla le trouver un matin et lui dit en laissant échapper quelques larmes :

— Je sais, monsieur, que vous avez des bontés pour Mlle Lafond, parce qu'elle en a pour vous. Tout le monde dit que vous voulez me nuire, parce que je n'ai pas voulu; mais ce sont de vilains propos. Vous savez bien, monsieur, que cela n'est pas vrai; et, si vous m'aviez fait l'honneur de me demander quelque chose, je suis trop attachée à mes devoirs et trop honnête fille pour avoir osé prendre la liberté de vous refuser.

* * *

Une danseuse qui a de la chance!

C'était à une représentation de l'Opéra (1769). Mlle Asselin, une des coryphées du théâtre lyrique, avait enthousiasmé un des spectateurs par sa danse vigoureuse et hardie; son voisin soutenait, au contraire, qu'elle était détestable. Chacun défendait son opinion avec opiniâtreté.

A la dernière apparition de la danseuse, le détracteur s'écria qu'il fallait être stupide pour l'admirer.

Son adversaire, ne pouvant plus se méprendre sur son intention, lui dit:

— Monsieur, j'ai cru jusqu'ici que c'était à Mlle Asselin que vous en vouliez; votre insulte me prouve que c'est à moi : vous allez m'en rendre raison.

Ces deux hommes, qui ne s'étaient jamais vus, sortent, se battent, et l'agresseur est tué raide.

Une des camarades de la danseuse, en entendant le récit de ce tragique événement, s'écria:

— A-t-elle de la chance!

Les honoraires que demandait une cantatrice en 1770

La Gabrielli demandait 5,000 ducats d'honoraires à l'impératrice Catherine II. Comme celle-ci se récriait, disant :

— Je ne paye sur ce pied-là aucun de mes feld-maréchaux.

— Eh bien, répliqua la chanteuse, Votre Majesté n'a qu'à faire chanter ses feld-maréchaux.

PAULIN

Paulin était un acteur de la Comédie-Française, qui jouait dans la tragédie les tyrans, et dans la comédie les paysans.

Il était paysan passable, dit Grimm, et mauvais tyran ; son jeu était lourd et sans intelligence ; il avait la voix forte ; cela avait séduit Voltaire, qui espérait en faire quelque chose et disait :

— Laissez-moi faire, je vous élève un tyran à la brochette, dont vous serez contents.

Mais le tyran ne répondit pas à son attente et resta mauvais.

Pendant qu'on répétait *Mérope*, Voltaire accablait les acteurs de corrections, suivant son usage ; un jour, ayant passé la nuit à revoir sa pièce, il réveille son laquais à trois heures du matin et lui donne une correction à porter à Paulin. Le domestique représente que l'heure est indue, que Paulin dort et qu'il ne pourra pas entrer chez lui.

— Va, lui répond gravement Voltaire, cours ; les tyrans ne dorment jamais.

**

Le premier éléphant qui joua à Paris

Grimm écrit à la date de 1771 :

Un jeune éléphant de cinq ans, qu'on montre à Paris depuis quelques jours pour de l'argent, a donné lieu au quatrain suivant :

> Cet éléphant, sorti d'Asie,
> Vient-il amuser nos badauds ?
> Non : il vient avec ses rivaux
> Concourir à l'Académie.

C'est à propos de cet éléphant que Duclos disait :

— Messieurs, parlons de l'éléphant ; c'est la seule bête un peu considérable dont on puisse parler en ce temps-ci sans danger.

Mlle DUTHÉ

Cette danseuse fut plus célèbre par ses aventures galantes que par son talent.

Le duc de Durfort la mit en relief dans le monde des plaisirs par le luxe dont il l'entoura.

Après Durfort — et beaucoup d'autres — vint le marquis de Genlis, qui, ne se contentant pas de se ruiner pour elle, voulut la présenter à la marquise de Genlis, — une des plus jolies femmes de la cour ; — cette dame eut la complaisance de trouver cette courtisane « très-agréable ».

———

Cette demoiselle venait de perdre un de ses amants, et cette aventure avait fait du bruit. Un monsieur, qui alla la voir, la trouva jouant de la harpe.

Le monsieur, surpris de cette façon de se consoler, lui dit :

— Eh! mon Dieu! je m'attendais à vous trouver dans la désolation.

— Ah! dit-elle d'un ton pathétique, c'est hier qu'il fallait me voir.

———

Un jour on vit dans un souper de douze courtisanes, dit le *Grand Dictionnaire*, à la tête desquelles était la Duthé, le service fait par douze seigneurs en habit de laquais, et parmi les héros de cette mascarade se trouvaient le comte d'Artois, le duc d'Orléans et le duc de Bourbon.

———

Elle fut choisie comme « premier professeur de plaisir » du duc de Chartres; son orgueil alors ne connut plus de bornes; elle se crut une « princesse du sang » et parut à Longchamp — 1774 —

dans un carrosse attelé de six chevaux blancs, dont les harnais, de maroquin bleu, étaient recouverts d'acier qui réfléchissait au loin les rayons du soleil.

Ce faste fit dire à Sophie Arnould :

— Quand on voit afficher un tel luxe, doit-on être surpris si tant de grandes dames se dégoûtent du métier d'honnêtes femmes?

Quelques jeunes gens entourèrent la courtisane, la huèrent et la forcèrent à se retirer. Le lendemain elle parut dans un équipage plus modeste : elle n'avait plus que quatre chevaux attelés à sa voiture...

———

Elle eut l'honneur de compter le comte d'Artois — depuis Charles X — parmi ses adorateurs, et comme ce prince ne suffisait pas aux dépenses ruineuses de la Duthé, elle alla en Angleterre, où elle resta juste le temps de croquer la fortune de trois lords immensément riches; « puis elle revint sur le théâtre de ses exploits, après avoir fait plus de conquêtes sur nos ennemis que tous nos amiraux de la marine française ».

———

Voici une anecdote qui perdrait à n'être pas racontée par Grimm :

— Cent chevaliers s'étaient réunis...

— Pour servir la patrie?

— Non.

— La religion?

— Encore moins. Toutes ces divinités du vieux temps sont un peu négligées de nos jours (1776). Le but de ces messieurs se bornait à donner une fête digne de nos mœurs douces, et pour laquelle ils avaient fait une souscription de *cinq louis*. Cette fête devait consister dans une représentation de *la Colonie* et de quelques autres pièces de Collé; Mlles Duthé et d'Hervieux s'étaient chargées des premiers rôles. Ce spectacle devait être suivi d'un bal et d'un grand souper où serait admise l'élite la plus brillante de nos jeunes nymphes...

Les faiseurs de calembours nommèrent ces messieurs les nouveaux *chevaliers de Cinq Louis*, et faisaient observer « que cinq louis, tout compris, ce n'était pas trop cher ».

L'autorité s'étant opposée à cette fête, ce qui devait être un scandale devint une bonne action : Mlle d'Hervieux écrivit au curé de Saint-Roch pour le supplier de vouloir bien faire distribuer aux pauvres la cotisation des chevaliers de Cinq Louis.

—

La Duthé mourut à soixante-huit ans, laissant plus de 600,000 francs de fortune malgré ses immenses gaspillages : la vertu trouve toujours sa récompense, dit un adage.

Inscription pour mettre au fronton de l'Opéra

Les directeurs de l'Opéra avaient demandé une inscription pour mettre au fronton de la nouvelle salle (1768); un plaisant leur envoya ce quatrain :

> Ici, les dieux du temps jadis
> Renouvellent leurs liturgies :
> Vénus y forme ses Laïs,
> Mercure y dresse des Sosies.

Un calembour peu connu de M. de Bièvre

Le célèbre calembouriste disait un jour à La Porte, souffleur de la Comédie :

— Vous avez un bel état, monsieur La Porte?

— Comme cela, monsieur le marquis; pas trop lucratif.

— Allons donc ! l'importance de votre rôle ! Et puis, chaque fois que vous soufflez, vous avez « la pièce ».

Une banqueroute qui ruine une pièce

A la représentation du *Fabricant de Londres*, de Fenouillot de Falbaire, lorsqu'on annonça sur la scène la banqueroute du marchand, héros de la pièce, un plaisant du parterre s'écria :

— Ah! mon Dieu! j'y suis pour mes vingt sous!

Et la pièce fut sifflée.

Pourquoi un homme applaudissait

Lorsqu'on donna *l'Égoïste* au Théâtre-Français, on remarqua dès la première représentation un homme qui applaudissait de toutes ses forces.

Ses claquements de mains redoublèrent aux représentations suivantes.

Un des amis de l'auteur l'engagea, en riant, à aller remercier cet enthousiaste.

Cailhava, — c'était l'auteur, — ayant su le nom et l'adresse de son admirateur, se rendit chez lui.

— Cher monsieur, lui dit-il, je viens vous remercier de la bonne volonté que vous témoignez pour ma comédie, et de la chaleur que vous avez mise à la faire réussir.

— Oh ! monsieur, rien de plus naturel ; j'avais parié que votre pièce serait jouée dix fois, et j'ai fait tous mes efforts pour gagner mon pari.

—

La modestie de Lemierre

Cet auteur dramatique oublié était un des poëtes les plus heureux; « toujours content du public, dit Grimm, il se voyait toujours en succès. »

La plupart de ses pièces tombaient dans les règles ; à la quatrième représentation, il n'y avait personne dans la salle. Lemierre arrivait à l'orchestre, regardait cette solitude, et, sans s'émouvoir, s'écriait :

— Belle chambrée d'été !

Un jour il va chez Molé pour faire quelques corrections au rôle de cet acteur; il lui demande une plume.

Après avoir vainement tenté de s'en servir :

— Mais votre plume n'écrit point.

— Que ne prenez-vous celle de Racine, lui répond ironiquement Molé.

— Elle ne m'irait pas, dit Lemierre. Racine est plus harmonieux que moi, j'en conviens; mais j'ai l'expression plus énergique et plus propre.

—

Il disait de la meilleure foi du monde :

— On parle toujours de Diderot et de d'Alembert, qu'ont-ils donc fait? Moi j'ai du bien au soleil : j'ai mon poëme sur *la Peinture,* j'ai mon *Hypermnestre,* j'ai mon *Guillaume Tell*...

Et il récitait toute la kyrielle de ses tragédies tombées qui avaient obtenu, selon lui, « de bons succès d'été ».

—

Ce poëte s'entretenant un jour avec M. Masson, président du bureau des finances, et connu dans les lettres par une bonne traduction de *la Pharsale,* lui disait :

— Vous savez que M. d'Alembert a dit que j'avais « fait faire un pas à la tragédie ».

— Mon cher, répondit le président en riant, est-ce en avant ou en arrière ?

———

En sortant du Théâtre-Français, après la représentation de sa *Veuve du Malabar*, qui obtint un légitime succès, cet auteur apostropha ainsi la statue de Voltaire :

— Ah ! coquin, tu voudrais bien avoir fait ma *Veuve !*

———

Comme Lemierre est quelque peu rocailleux, un épigrammatiste lui fit l'épitaphe suivante, dans laquelle est rappelé un vers-axiome souvent cité :

> Passant, entre en cet antre, et pleure sur ce roc
> Un grand et rare auteur qui franchit la noire onde,
> Tout fier d'avoir, avant, tiré de son estoc
> Son vers, le vers du siècle, et qu'on claque à la ronde :
> *Le trident de Neptune est le sceptre du monde.*

Ce poëte fut de l'Académie française, il y remplaça l'abbé Batteux. Il avait voulu succéder à Voltaire, disant que c'était « Ajax qui devait hériter des armes d'Achille ».

Du reste, voici comment il excusait son outrecuidance :

— Je n'ai point de prôneurs ; il faut bien que je fasse mon affaire tout seul.

Une vengeance de Fragonard

Grimm raconte dans sa *Correspondance*, à la date de mars 1773, que « le salon de Mlle Guimard était tout en peintures ; elle y était représentée en Terpsichore avec tous les attributs qui pouvaient la caractériser de la manière la plus séduisante.

« Ces tableaux n'étaient pas encore finis, lorsque, je ne sais à quel propos, elle se brouilla avec son peintre, Fragonard, et prit un autre artiste.

« Depuis, curieux de voir ce que devenait l'ouvrage entre les mains de son successeur, Fragonard a trouvé le moyen de s'introduire dans la maison.

« Il pénètre jusque dans le salon sans y rencontrer personne. Apercevant dans un coin une palette et des couleurs, il imagine sur-le-champ le moyen de se venger. En quatre coups de pinceau il efface le sourire des lèvres de Terpsichore, et leur donne l'expression de la colère et de la fureur, sans rien ôter, d'ailleurs, au portrait de sa ressemblance.

« Le sacrilége consommé, il se sauve au plus vite, et le malheur veut que Mlle Guimard arrive, quelques moments après, avec plusieurs de ses amis qui venaient juger les talents du nouveau peintre.

« Quelle n'est pas son indignation en se voyant défigurée à ce point !

« Mais plus la colère éclate, plus la charge devient ressemblante... »

Comment deux hommes de talent passèrent une bonne soirée

Un soir d'été, on donnait *l'Étourdi* à la Comédie-Française; la salle était vide ou à peu près. Dugazon dit à Baptiste, qui ne jouait pas :

— Qu'est-ce que tu fais ce soir?

— Rien, répond Baptiste; pourquoi?

— Eh bien, si tu veux aller dans la salle, tu me consoleras de l'absence du public, et je jouerai pour toi.

— De tout mon cœur, répond Baptiste, et me voilà sûr de passer une bonne soirée.

Et, en effet, la soirée fut bonne, car, dit un des rares spectateurs de cette représentation, jamais Mascarille ne déploya plus de verve et d'habileté.

Un calembour de Voltaire

Voltaire rencontre une actrice fort maigre. Comme elle venait de jouer un rôle avec beaucoup de sentiment, il lui dit en lui prenant la main :

— Oh! mademoiselle, quel pathétique! (patte étique.)

Un ours bon chrétien

On jouait au théâtre de Bordeaux un opéra-comique intitulé : *les Chasseurs et la Laitière*. Il survint un violent orage, et un coup épouvantable fit trembler toute la salle. Le figurant qui faisait l'ours était en scène à ce moment ; saisi de frayeur, il se lève sur ses pieds et fait le signe de la croix avec ce qui figurait ses pattes de devant.

Je vous laisse à penser si l'on pouffa de rire.

Un singulier goût

Le duc de Lauzun vivait avec Mlle L*** de la Comédie-Française, qui n'avait ni beauté ni talent.

Une dame lui reprochait ce goût bizarre.

— Je conviens, répondit-il, qu'elle n'est point jolie et qu'elle joue mal la comédie ; mais si vous saviez comme elle est bête et combien cela est commode !

Cette réponse me fait rêver.

Échange de sarcasmes

Une actrice écoutait lire une tragédie :
« En deux actes déjà, quoi ? trois princes sans vie !
  Monsieur, quel carnage ! et comment
  Sera donc votre dénoûment ?
  Je voudrais bien avoir, dit-elle
Avec un ton, des airs et des gestes pincés,
La liste de vos morts... — Et moi, mademoiselle,
Repart l'auteur malin, celle de vos blessés. »

FLEURY

Étant très-jeune cet acteur avait joué la comédie, chez Voltaire, à Ferney. Un jour, en sortant de déjeuner, Fleury avait sacrilégement attaqué la perruque mal peignée de l'homme de génie, qui se retourna vivement vers le petit acteur, et en espaçant ses syllabes, lui dit :

— Permettez-moi, monsieur... *de* Fleury, de vous dire que je ne suis pas assez royal pour comprendre et souffrir les tours de page. A la cour de Ferney, on respecte les perruques en faveur de ce qu'il peut y avoir dessous.

Cette leçon profita à Fleury, et aussi ce conseil que Voltaire lui donna :

— Étudie-toi dans ton cabinet, oublie-toi sur le théâtre.

—

Fleury alla jouer à Dresde avec toute la Comédie-Française, devant tous les souverains de l'Europe.

Un ami lui demandant s'il n'éprouvait pas quelque émotion en présence d'un parterre de rois et d'empereurs, Fleury répondit avec la fierté d'un homme qui a conscience de son talent :

— Quand je suis en scène, je ne suis chez personne, tout le monde est chez moi.

—

En 1815, Fleury, soupçonné de bonapartisme, essuya à deux reprises des marques d'hostilité des spectateurs royalistes.

La première fois, il rappela sa conduite pendant les orageuses soirées de *l'Ami des lois*, et il fut couvert d'applaudissements.

La seconde fois, Fleury s'avance respectueusement sur le devant de la scène et dit aux spectateurs :

— Messieurs, je représente ici Tartufe ; ayez, je vous prie, la bonté de permettre que je m'acquitte de mon devoir. Si demain quelqu'un désire me parler en particulier, je demeure rue Traversière, n° 23.

Mille bravos répondent à cette allocution, où la dignité la plus grande le dispute au courage le plus calme.

* *

Une demoiselle qui a du toupet

Une actrice, Mlle Colombe, renommée pour la légèreté de ses mœurs, chantait ces quatre vers de *la Sorcière par hasard :*

> Ma plus grande sorcellerie
> Est l'art de faire des heureux ;
> C'est un secret bien doux dont je me glorifie,
> Et je m'en sers tant que je peux.

Cet aveu lui valut les honneurs du *bis* ; l'actrice,

sans se déconcerter, recommença très-majestueusement, trouvant probablement cela tout naturel.

Mlle RAUCOURT

Cette actrice, « qui a de la beauté, de l'intelligence et peu d'âme », c'est Laharpe qui le dit, commença, lors de ses débuts, par refuser les offres les plus brillantes qui lui furent faites; mais elle ne tarda pas à rattraper le temps perdu. Bachaumont entre, à ce sujet, dans des détails où nous ne pouvons le suivre; contentons-nous de quelques anecdotes que tout le monde peut lire.

Le marquis de Bièvre chassait avec Mlle Raucourt, qui se trouva embarrassée dans des broussailles.

—Ah! ah! lui dit le calembouriste enragé, vous vouliez prendre *corneille* et vous avez pris *racine.*

Le marquis de Bièvre, auteur du *Séducteur*, avait parfois des aventures qui montraient à quel prix il obtenait lui-même le titre de sa pièce.

La *Police dévoilée* donne une lettre curieuse adressée par ce « séducteur » au lieutenant de police de Sartines :

« La belle Raucourt, qui commence par où les

autres finissent, à dix-sept ans et neuf mois, a arraché à mon ivresse — ou à ma stupidité — un contrat qu'elle a fixé à 2,000 écus; car, il faut lui rendre cette justice, elle m'a sauvé l'embarras de cette affaire : elle a choisi elle-même le notaire, elle a pris son heure, réglé les articles, et je n'ai eu que la peine de signer. S'il n'est pas indigne de votre ministère d'amortir un peu le coup que je reçois, je me prêterai aux accommodements que vous voudrez bien prescrire... »

Si le grand seigneur se conduisait comme un pleutre, on voit que cette actrice savait mener de front les affaires de bourse avec celles du cœur.

———

Le marquis de Villette, voulant rompre avec Mlle Raucourt, lui écrivit une lettre qui lui annonçait cette résolution. Celle-ci, pour toute réponse, lui envoya un petit balai avec ces deux vers de Voltaire :

> Qui que tu sois, voici ton maître :
> Il le fut, l'est, ou le doit être !

Je ne crois pas que le marquis eut les rieurs de son côté.

———

Le parterre, initié à ses débordements, lui infligea un jour une cruelle punition.

Elle faisait sa rentrée dans *Phèdre ;* lorsqu'elle dit ce vers :

De l'austère pudeur les bornes sont passées,

on lui prodigua sans pitié les plus terribles applaudissements.

Puis quand elle fut à ce passage :

. . . . . . Je sais mes perfidies,
Œnone, et ne suis point de ces femmes hardies
Qui, goûtant dans le crime une tranquille paix,
Ont su se faire un front qui ne rougit jamais.

— Oh ! je vous demande pardon ! lui criat-on de toutes parts.

———

Se sentant mourir, Mlle Raucourt dit :
— Voilà la dernière scène que je jouerai : il faut la jouer d'une manière convenable.

Une vache qui coûtait cher à nourrir

Mlle Zanuzzi était « l'amie » du fermier général Bouret, qui mourut dans ses bras fort à propos, car il allait tomber dans la plus affreuse misère ; il ne « possédait » plus que cinq millions de dettes après avoir gaspillé des sommes énormes. Un détail, à propos de sa sultane favorite, va nous donner une idée des prodigalités de ce financier.

Mlle Zanuzzi avait été soumise au régime du

lait: Bachaumont nous apprend que le fermier général faisait nourrir la vache qui le fournissait avec des pois verts, coûtant cent cinquante livres le litron!

Bachaumont ne nous apprend pas combien elle mangeait de litrons par jour.

Mlle LANGE

Cette actrice était douée d'une ravissante figure. Il paraît que le « sentiment » n'occupait que la seconde place dans ses affections, si nous en jugeons par cette anecdote.

Girodet avait fait le portrait de cette comédienne; elle le refusa en disant :

— Jamais on ne me reconnaîtra dans cette mauvaise figure.

— Très-bien, mademoiselle; je vais trouver le moyen de vous faire reconnaître.

Et il peignit Mlle Lange en Danaé; seulement au lieu de pluie d'or, c'était une pluie de petits écus qui tombait autour d'elle.

Comme elle entendait peu de chose aux allégories, elle fit venir ses camarades pour connaître leur opinion sur ce portrait.

Et toutes de lui répondre :

— Très-ressemblant!

Un chanteur qui manque d'accompagnements

Dans une société de musiciens réunis pour un concert, on avait annoncé l'arrivée d'un castrat. Une actrice, qui avait encore bien des choses à apprendre, crut que ce nom était celui d'un instrument. Après que le castrat eut chanté, elle lui demanda :

— Et votre castrat, vous le ferez-nous entendre bientôt?

— Quand il vous plaira, mademoiselle, mais il faudra vous passer des accompagnements.

BRIZARD

Après une représentation de *la Partie de chasse*, Brizard, qui venait de jouer un rôle dans cette pièce, tenait le flambeau à la sortie du roi et de la reine.

— Monsieur Brizard, lui dit Marie-Antoinette, vous avez été si vrai que vous venez de faire une conversion.

— Oui, se hâta de répondre le roi plus vivement qu'à l'ordinaire, vous venez de me faire aimer le trône.

VESTRIS

Si Vestris avait un orgueil démesuré pour son

talent, il avait du moins une fierté d'honnête homme qui ne se démentait jamais.

Il disait un jour à son fils, après lui avoir reproché ses dettes :

— Ze ne veux pas avoir de Guéménée dans ma famille.

Le prince de Guémenée venait de faire banqueroute.

—

Vestris disait de la meilleure foi du monde :

— Ze ne connais aujourd'hui en Europe que trois hommes uniques en leur espèce : le roi de Prusse, M. de Voltaire et moi.

—

Ayant répondu insolemment à son directeur, de Vismes, celui-ci lui dit :

— Mais, monsieur Vestris, savez-vous à qui vous parlez ?

— A qui ze parle ? au fermier de mon talent.

—

Lors des débuts de son fils, il lui dit d'un air imposant :

— Allons, mon fils, montrez votre talent au public, votre père vous regarde.

—

Il disait de son fils, qui ne tarda pas à l'égaler dans l'art chorégraphique :

— S'il ne s'élève pas plus haut, c'est pour ne pas trop humilier ses camarades; et puis, s'il se laissait aller à son élan, il s'ennuierait en l'air, faute de conversation.

—

Quelqu'un lui disait :
— Savez-vous bien que votre fils vous surpasse ?
— Ze le crois bien, répondit-il; ze n'ai pas eu un aussi bon maître que lui.

—

Vestris le fils ayant refusé de danser devant la reine, le gentilhomme de service le fit mettre au For-l'Evêque.

Son père va le voir :
— Tou te f... dé moi, ze crois; tou as oune difficulté avec la reine; ne sais-tou pas que zamais la maison Vestris n'a ou de démêlé avec la maison Bourbon? Ze te défends de brouiller les deux familles.

**

Comment la Révolution avait ruiné Vestris

MM. de Goncourt reproduisent cette anecdote « sur la ruine » de Vestris.

C'était sous le Directoire; le célèbre danseur disait à un ami qu'il était ruiné.

— Bah!... ruiné?

— Rouiné! je n'ai pas dou pain à mettre su la dent.

— Tu avais, je croyais, encore une petite maison ?

— Qu'appelles-t'ou oun petite maison ! c'est bien oun beau et bon château ; ma tous mon pensions y sont soupprimés et zé n'ai pas dou pain.

— Voilà ce que c'est d'avoir un château et pas de terre.

— Point de la terre, qu'est-ce que tou dis ! il y a septante et dix bons arpents de vigne et de patoure ; mais je souis rouiné, mou ami, je n'ai pas dou pain.

— Les bestiaux manquent ?

— Et no ! trois paires de boufs, dix cavali, trois ânesses, oune douzaine de pourceaux, oune centaine de moutons ; ma qu'est-ce que c'est que tout ça pour oun homme comme moi ! La Révolution m'a rouiné de fond en comble : ça est-il pas bien crouel pour oun homme comme moi, qui a fait le plaisir de la cour et de la ville ? Ma, mou ami, vois-tou, la rivière y coule pour tout le monde. A la *riverisco*. Je vas voir si mon cabriolet il est là. Tou viendras dîner demain avec moi ; je régale le phénix de la danse, *il mio figlio*. Le povero bambino ! Quel dommage que je n'aie pas dou pain. Adio.

Mlle CONTAT

Il y a eu trois actrices de ce nom; nous ne parlons que de la célèbre, Louise, celle dont Fleury disait :

— Elle est femme à faire applaudir en scène la facture de sa couturière, s'il lui prenait fantaisie de la débiter.

Bachaumont nous apprend, à la date de 1780, qu'il y a à la Comédie-Française une demoiselle Contat, jeune et jolie; le comte d'Artois s'en est épris et lui a fait faire des propositions, auxquelles elle a répondu :

— Je crains l'inconstance de Son Altesse; si Monseigneur ne se sent pour moi qu'un goût passager, je le supplie de porter ses vues ailleurs.

« Le prince voulut voir cette singulière courtisane : elle lui a dit qu'elle ne pouvait consentir à son désir si ce n'était pas pour vivre avec elle; à quoi le prince a répondu :

« — Je ne sais pas vivre.

« Cependant, plus amoureux que jamais, il est revenu et lui a juré une passion durable, et est entré en jouissance. Rassasié dès le lendemain, il lui a envoyé cent cinquante louis, qu'elle a refusés. »

M. A. Houssaye nous donne l'épilogue de cette aventure :

« — Vous direz au comte d'Artois, monsieur l'ambassadeur, que j'ai trois ou quatre amants dont pas un n'oserait m'offrir cent cinquante louis.

« — Comment ! trois ou quatre amants ! s'écria l'ambassadeur ; il fallait donc me dire cela, nous n'aurions donné que la moitié. »

—

M. de Béthune-Cossé était quelque peu bossu et par conséquent caustique.

Un jour, il disait, entre autres impertinences, à Mlle Contat :

— Ah ! mademoiselle, toutes les fois que je vous vois, je ne puis m'empêcher de me rappeler ce temps délicieux où votre taille charmante tenait dans les deux mains.

Ceci piqua beaucoup Mlle Contat, qui n'était plus jeune et avait pris un embonpoint énorme.

Puis, M. de Béthune, voulant tirer parti de son infirmité pour se donner une qualité qu'il n'avait pas, se mit à dire :

— A nous autres bossus, on ne peut nous refuser d'avoir de l'esprit ; c'est une chose sur laquelle tout le monde est d'accord.

Mais Mlle Contat, qui avait à cœur les louanges rétrospectives du bossu, lui répondit avec ce fin sourire qui était un de ses charmes :

— Vous bossu, monsieur! qui a dit cela? Vous n'êtes que contrefait.

———

Mlle Contat, à l'apogée de sa gloire, fut sifflée deux fois dans *le Chevalier à la mode;* d'abord pour un manque de mémoire, puis pour un gros *pataquès*.

———

Une critique injuste de Geoffroy lui fit abandonner le théâtre vers 1808; elle épousa alors M. de Parny, le neveu du poëte.

« Autant Mlle Contat était admirée pour son esprit, sa finesse, sa grâce, dit M. E. Deschanel, autant Mme de Parny était aimée pour sa bonté et pour la franchise de son caractère. Mlle Dangeville, Mlle Devienne et Mlle Contat sont les trois femmes qui, après avoir brillé au théâtre, conservèrent dans la société leur suprématie et leurs amis. »

Mlle CLOTILDE

Cette élève de Vestris fit les délices de l'Opéra de 1793 à 1819. « Grande et cependant gracieuse; imposante et cependant pleine de charmes et de séductions, nulle ne fut entourée de plus d'hommages, » dit le *Grand Dictionnaire*.

Et ces hommages ne se composaient pas de
« frivolités »; un chroniqueur nous apprend qu'elle
recevait 100,000 francs par mois d'un prince italien, 400,000 francs par an d'un célèbre fournisseur et 200,000 francs d'un troisième amant plus
modeste que ses rivaux.

Un jour un cordonnier apportait à cette demoiselle, au moment où elle allait monter en voiture, une paire de bottines.

Mlle Clotilde remonte dans son salon, se chausse
et jette un billet de 1,000 francs au cordonnier,
qui se met à se fouiller ingénument comme s'il
pouvait avoir la monnaie de 1,000 francs dans
son gousset.

— Mon cher, je suis pressée, lui dit Mlle Clotilde en s'échappant; payez-vous sur le billet et
gardez le reste.

—

Mlle Clotilde avait fait du chemin depuis l'époque de ses débuts quand, demandant des diminutions de prix à sa blanchisseuse, elle lui disait:

— Acceptez ma demande de rabais sur vos
prix, madame; je mouille huit chemises par jour.

—

Ce fut à propos de cette demoiselle que Vestris manqua avoir un duel avec La Morlière;
laissons raconter l'anecdote par Roger de Beau-

voir; on ne le peut faire d'une façon plus spirituelle.

« Quand M{ile} Clotilde remplissait à l'Opéra le rôle de Vénus, où personne, à coup sûr, ne pouvait produire plus d'illusion, Vestris ne manquait jamais de se trouver sur la première banquette. Le chevalier de Forges, — celui qui s'intitulait vicomte de l'enfer, marquis du paradis terrestre et seigneur de tous les diables, — connu par ses bizarreries, était à son côté gauche, et le chevalier de La Morlière, vieux et cacochyme alors, à sa droite.

« Un soir que Clotilde avait dansé son pas à merveille, comme de coutume, La Morlière, l'éternel bâilleur, s'avisa de contrecarrer Vestris en lui disant que Mlle Clotilde ne valait rien.

« Et là-dessus — c'était son système pour faire tomber une actrice ou une pièce quelconque — il bâillait, bâillait à se détendre la mâchoire.

« Tout d'un coup Vestris tire un navet de sa poche et le fourre dans la bouche du malencontreux bâilleur.

« La Morlière fit un bond.

« — N'est-il plus permis de bâiller à l'Opéra ? dit-il en crachant son navet au nez du terrible Vestris.

« — Monsieur de La Morlière, reprit Vestris, bâillez à votre aise ; moi, je suis le seul vrai bailleur de fonds de l'Opéra, moi seul y fais la recette.

« Ils devaient se battre le lendemain ; Laïs arrangea l'affaire. »

* * *

Ce que faisaient Pauline, Cuizot, Flore et Aldégonde

Un joyeux couplet de vaudeville va nous l'apprendre. Cela ne se chantait pas sur la scène, mais tout haut dans le foyer, sur l'air : *C'est l'amour, l'amour :*

> Que fait la gentille Pauline
> Avec d'Artois, son doux ami ?
> Que fait Cuizot, la libertine,
> Avec maint et maint favori ?
> Que fait Flore, la blonde,
> Avec certain banquier ?
> Et que fait Aldégonde
> Avec le monde entier ?
> C'est l'amour, l'amour,
> Qui fait le monde à la ronde ;
> Et chaque jour à son tour
> Le monde fait l'amour.

Une reine sifflée

La reine Marie-Antoinette aimait à jouer la comédie ; elle avait fait construire à Trianon une salle de spectacle. Acteurs et spectateurs étaient de grands personnages.

Un jour on jouait à Trianon *Annette et Lubin*: la reine, qui jouait Annette, était applaudie par tous les spectateurs, sauf un qui fit entendre un strident coup de sifflet.

Tout le monde se lève indigné, ne sachant quel est le téméraire.

Marie-Antoinette, qui l'avait vu, s'avance sur le devant de la scène, et faisant une petite révérence villageoise, dit au siffleur :

— Monsieur, si vous n'êtes pas satisfait, passez au bureau, on vous rendra votre argent.

Le roi — car c'était lui qui avait sifflé — se mit à rire. Puis il dit :

— C'est égal, c'est royalement mal joué.

Une riposte un peu vive

En 1787, à une représentation du *Mariage de Figaro*, un particulier qui se trouvait dans une loge s'écria :

— Ce Beaumarchais a bien de l'esprit...

— Il me semble, répondit Beaumarchais, qui se trouvait dans une loge voisine, que le mot de *monsieur* ne vous écorcherait pas la bouche.

Le particulier, sans se déconcerter, répond :

— Oui, je l'ai dit, et ne m'en dédis pas : Beaumarchais a bien de l'esprit ; mais M. de Beaumarchais n'est qu'un sot.

Beaumarchais avait bec et ongles ; mais le narrateur ne nous dit pas comment il s'en tira.

Où Beaumarchais prenait ses modèles

A une représentation de sa pièce des *Deux Amis*, Beaumarchais entendit d'une loge voisine de celle qu'il occupait un jeune important de la cour qui disait avec une extrême suffisance à des dames :

— L'auteur est sans doute un garçon fripier qui ne voit rien de plus élevé que des commis de fermes et des marchands d'étoffes, et c'est au fond d'un magasin qu'il va chercher les nobles amis qu'il traduit sur la scène française.

— Hélas! monsieur, répond Beaumarchais en avançant la tête, il a fallu les prendre où il n'est pas impossible de les supposer. Vous ririez bien plus de l'auteur s'il eût tiré deux vrais amis de l'Œil-de-Bœuf ou des carrosses du roi! Il faut un peu de vraisemblance même dans les actes vertueux.

On a fait sur cette pièce le quatrain suivant :

J'ai vu de Beaumarchais le drame ridicule,
Et je vais en un mot vous dire ce que c'est :
C'est un change où l'argent circule
Sans produire aucun intérêt.

Le collier du chien de Beaumarchais

Malgré l'activité d'une vie orageuse et qui fut longtemps livrée à tous les calculs de l'ambition, ses amis assurent qu'il avait toujours conservé de la simplicité dans ses goûts, de la bonhomie dans ses manières, de la faiblesse dans ses affections domestiques.

Il avait écrit sur le collier de sa chienne :

— Beaumarchais m'appartient; je m'appelle Follette; nous demeurons rue Vieille-du-Temple.

Pourquoi un opéra devait tomber

Lors des premières représentations de *Tarare*, opéra de Beaumarchais, les quolibets et les épigrammes plurent sur l'auteur. Voici une saillie originale, sous la forme d'anagramme :

> Dans un bureau d'esprit, d'une voix prophétique,
> Une dame criait : « *Tarare* tombera !
> — Madame a-t-elle vu cette merveille unique ?
> Reprend un défenseur caustique.
> — Non, mais c'est sûr, *Tarare* au sexe déplaira :
> L'anagramme du mot présente : *ratera*. »

Une prodigalité d'avare

Guillard, l'auteur des vers de l'opéra d'*Œdipe à Colone*, pratiquait une sordide économie ; il se livra cependant un jour à une folle dépense. Voici comment il narrait le fait :

— C'était dans une circonstance solennelle. Le temps pressait; il y allait de toute ma fortune, peut-être de tout mon avenir. Ma foi, coûte que coûte... je prends un fiacre!

—

Le duel de Mlles Beaumesnil et Théodore

L'une était danseuse, l'autre chanteuse à l'Opéra. Elles se battirent pour l'abbé Brandon, « joli à croquer », et qui possédait en outre mille petits talents que savaient apprécier les dames.

L'abbé, dont la Théodore était en possession, fut un jour surpris par celle-ci à baiser la main de la Beaumesnil, qui reçut à l'instant un vigoureux soufflet de sa rivale.

Ces dames vont se « créper »; mais on intervient, et la Beaumesnil dit à son agresseur :

— Demain, à sept heures, à la porte Maillot; je vous laisse le choix des armes.

Le petit abbé, pour qui l'on allait se battre, ne pouvant s'empêcher de faire un jeu de mots, dit :

— Sera-ce au *balai*?

Le lendemain, les deux combattantes arrivaient sur « le pré » avec leurs témoins : Mlles Geslin et Guimard pour la Beaumesnil, Mlles Fel et Charmoy pour la Théodore.

L'arme était le pistolet.

En ce moment, Rey, basse-taille à l'Opéra, passait par là pour aller déjeuner à Sablonville avec trois amis. Il intervient, déploie toute son éloquence, mais en vain; ces demoiselles ne veulent rien entendre. Elles se placent en face l'une de l'autre, et tirent en même temps. Rien, ni blessée, ni morte.

Le malin Rey avait, pendant son intervention, jeté les pistolets dans l'herbe humide.

L'honneur était sauf; on s'embrassa et on alla déjeuner à Sablonville avec ces messieurs.

Quant à l'abbé Brandon, — un pseudonyme qui s'explique, — se rappelant la fable d'Oreste déchiré par les Furies, il eut l'esprit, — ne pouvant se partager entre deux femmes d'un tel tempérament, — de les quitter toutes deux.

―

Comment un auteur se vengea de sa belle-mère.

A la suite de chagrins intérieurs et pour se venger de sa belle-mère qui les avait causés, Morand donna au Théâtre-Italien *l'Esprit de divorce*. Après la première représentation, l'auteur parut sur la scène, et, s'adressant au public :

— On me reproche de tous côtés, dit-il, d'avoir outré dans ma pièce le caractère de la belle-mère; j'ose vous assurer que j'ai été obligé d'affaiblir beaucoup la vérité, et que l'original est bien plus énergique que la copie.

Ce petit discours fit rire, et lorsque — suivant l'usage de ce temps-là — un acteur vint annoncer la seconde représentation de cette pièce, un spectateur cria :

— Avec le compliment de l'auteur !

Morand, irrité de cette apostille, jeta son chapeau dans le parterre et dit d'une voix menaçante:

— Celui qui veut voir l'auteur n'a qu'à lui rapporter son chapeau.

Mais Morand ne devait pas avoir le dernier. Un autre spectateur dit :

— Puisque l'auteur a perdu la tête, il n'a plus besoin de chapeau.

Pourquoi Gluck aimait le vin, l'argent et la gloire

Ce compositeur aimait fort l'argent et la bonne chère ; il n'admirait l'idéal qu'en musique.

On lui demandait un jour ce qu'il aimait le plus au monde.

— Trois choses, répondit-il : l'argent, le vin et la gloire.

Exclamation de surprise.

— Comment ! lui dit-on, vous faites passer la gloire après le vin et l'argent ? Cela ne saurait être, et vous n'êtes point sincère.

— On ne saurait l'être davantage, répondit Gluck. Avec de l'argent, j'achète du vin, le vin éveille mon génie, et mon génie me donne de la gloire : vous voyez que j'ai bien dit.

—

Les tribulations théâtrales de Cailhava

Cet auteur raconte ainsi ses tribulations comiques dans un opuscule intitulé : *Mémoires historiques sur mes pièces :*

« Je me fis inscrire pour la lecture d'une comédie intitulée *l'Égoïsme.*

« Mlle Dubois demanda ce que c'était qu'un égoïste.

« Lekain lui répondit :

« — C'est un homme qui sacrifie tout à son propre intérêt.

« Et Bonneval s'écria :

« — Bon ! l'auteur a certainement pris son héros dans l'assemblée. »

—

Capperonnier, sous-bibliothécaire du roi, disait à Cailhava qu'on s'était emparé du sujet d'une de ses pièces.

— Qui ?

— Un auteur que je ne vous nommerai point.

— Vous faites bien.

— Je lui ai dit que sa conduite n'était pas de la plus rigide honnêteté, et il a sur-le-champ profité de la leçon.

— En abandonnant son projet?
— Non, parbleu !
— Comment donc?
— Devinez.
— Mais encore?
— En publiant que vous étiez son plagiaire.

———

« Après avoir perdu, raconte Cailhava, deux ans à solliciter auprès des comédiens la lecture de mon *Nouveau débarqué;* après avoir inutilement lu ma pièce chez vingt Saphos subalternes, rebuté de faire ma cour à cent protecteurs sans crédit, j'abandonne l'ouvrage à un bénédictin qui connaissait une dame très en faveur; cette dame le recommande à un courtisan bel esprit;

« Ce bel esprit le remet à un banquier;

« Ce banquier le fait circuler dans le boudoir de plusieurs *filles.*

« Ensuite mon manuscrit, de cascade en cascade, tombe chez Armand, qui, trop paresseux ou trop occupé de sa nombreuse famille pour daigner le lire, l'envoya chez un de ses camarades.

« Je vole chez ce camarade, je ne le trouve point. Mais une grosse cuisinière est assise, sous la porte cochère, dans son fauteuil à bras; elle épluche nonchalamment des épinards.

« Elle me dit en ricanant :

« — N'êtes-vous pas un poëte?

« — Hélas ! oui.

« — Ne venez-vous pas chercher une pièce ?

« — Hélas ! oui.

« — Attendez.

« Là-dessus elle fouille dans le tas d'herbes, en tire mon manuscrit, et me le remet.

« Tout le monde se figure sans doute la mine d'un auteur secouant, le long d'une rue, les épinards dont les feuillets de son manuscrit sont décorés. »

La comédie du *Tuteur dupé*, de Cailhava, fut reçue à la première lecture, à la Comédie-Française, avec enthousiasme ; mais les répétitions ne furent pas aussi brillantes.

« On indique une répétition, raconte Cailhava, les rôles à la main. Un acteur se fait attendre une heure et demie ; il arrive avec l'air d'un homme accablé sous le poids des myrtes qu'il vient de cueillir. « Il n'a pas fermé l'œil de la nuit, il « avait oublié net la répétition ; » il fait une légère excuse à ses camarades et lit son rôle d'une voix éteinte.

« Mlle Hus, placée à côté de lui, ne l'entend point, et le prie de recommencer la phrase.

« — Ah ! l'on ne m'entend pas ! cela est fort plaisant ; et faut-il aussi recommencer cette belle phrase ? Quoi ! cette sublime phrase ? Quoi !...

« Il bouda, fut se jeter dans un fauteuil, au fond

de la salle, et allait s'y endormir, quand un personnage, bien plus intéressant que moi, vint captiver l'attention de mes juges. C'était un chat.

« Le nouvel acteur, paré d'une belle fourrure blanche et d'une queue bien touffue, se montre sur un toit auprès d'une fenêtre. Soudain l'assemblée est en l'air, mon dormeur aussi.

« — Minet, minet !

« — Un tel, voici ta scène.

« — J'y suis.

« — Qu'il est joli !

« — A vous, mademoiselle ***.

« — Que ses maîtres vont le regretter !

« — A toi.

« — Oui, pour mon beau rôle qui n'a pas trente lignes.

« — Et le mien qui a vingt pages, c'est bien pis.

« — Minet ! petit ! petit !

« Minet, plus heureux que moi, s'échappe.

« Enfin, moitié *chat*, moitié *fourrure*, moitié *queue*, moitié *rôle*, on achève la répétition ; on se regarde ; on se dit des épaules que ma pièce est détestable. Je sors désespéré.

« Et les comédiens s'assemblent : les uns veulent qu'on me rende mon manuscrit ; les plus polis décident que, puisqu'on a eu la faiblesse de recevoir une mauvaise pièce, il faut se donner le plaisir de l'entendre siffler. »

N'est-ce pas avec raison que Mlle Clairon disait :

— Quand un acteur a fini une pièce, il n'a fait que le plus facile.

Un directeur ingénieux

Un directeur de province, dont le spectacle était peu suivi, s'avisa d'un ingénieux stratagème pour attirer le public.

Il annonça qu'il venait d'engager une jeune négresse dont le talent était au-dessus de celui des actrices le plus en réputation dans les rôles d'amoureuses.

Cette négresse était la jeune première de sa troupe, qui avait été constamment sifflée. Sous un masque noir, elle fut vivement applaudie jusqu'à la clôture du théâtre. Le directeur crut alors ne plus devoir faire un mystère de la métamorphose qu'il avait opérée.

Mais cette mystification lui valut à jamais son expulsion de la ville.

Pourquoi une actrice devait toujours jouer les amoureuses

Le duc de Tresmes, qui avait la juridiction des théâtres, s'opposait à ce que Mlle Quinault jouât les amoureuses. Ce gentilhomme disait :

— Il est fort impertinent que Mlle Quinault, qui est à peine au monde, veuille s'emparer des

rôles d'amoureuses, qui appartiennent à Mlle X***
depuis plus de quarante ans.

Un monsieur qui les donne lui-même

Un *empesé* du jour — on nommait ainsi les *gommeux* au XVIII° siècle — se prend de querelle avec un brave homme au parterre de l'Opéra.

Insolent comme un parvenu, l'empesé dit à son adversaire :

— Je vous ferai donner cent coups de bâton par mes gens.

— Monsieur, lui répond le brave homme, je n'ai point de domestiques pour faire cette besogne; mais si vous voulez prendre la peine de sortir, j'aurai l'honneur de vous les administrer moi-même.

Encore Garrick

Je suis sûr que les lecteurs ne s'en plaindront point. Voici une autre anecdote sur son talent de transformation.

Préville lui ayant proposé de le mener à sa maison de campagne, sur la route de Versailles, Garrick, avec sa bonne humeur habituelle, lui proposa de monter dans une de ces voitures que l'on nommait des *voitures de la cour*. Bien installés, ils dirent au cocher de marcher. Celui-ci répond qu'il ne le fera que quand les quatre places de sa voiture seront occupées.

Une idée vient à Garrick : il va donner à son confrère une idée de son talent de transformation.

Le cocher attend toujours son complément de voyageurs. Garrick sort discrètement par une portière, fait le tour du carrosse, décompose sa figure et se présente au cocher sous un nouvel aspect.

Deux fois il renouvela ce manége, et deux fois il obtint une place comme un nouveau venu.

Préville était dans l'admiration.

Garrick descend une troisième fois et demande encore une place au cocher; mais celui-ci fouette ses chevaux en lui répondant :

— Tout est plein.

Et il part, laissant Garrick tout penaud.

Mme de Girardin a raconté cette anecdote sur le même acteur.

Un brave homme rencontrant Garrick l'appelait « Cher camarade ».

— Mais je ne vous connais pas, mon cher monsieur, dit Garrick.

— Eh! nous avons pourtant joué bien des fois ensemble.

— Je ne m'en souviens pas... Quel rôle faisiez-vous donc ?

— C'est moi qui faisais le coq dans *Hamlet*.

Comment un monsieur devint bienfaisant

Un homme haut placé fut tellement émotionné à une représentation de *Nanine* qu'en rentrant chez lui il ordonna à son suisse de ne refuser désormais sa porte à personne, pas même aux gens en sabots.

Le suisse, étonné de l'ordre que lui donnait son maître, qui jusque-là n'avait pas été fort humain, disait à un valet de chambre qui se trouvait près de lui :

— Si je n'avais aperçu Mlle D*** dans le carrosse de monseigneur, je croirais qu'il vient de confesse.

—

Ce que le grand Condé ne put prendre

On sait que ce guerrier échoua devant Lérida, dont il avait fait le siége ; il était nécessaire de rappeler ce fait historique.

Ce prince assistait un jour à la première représentation d'une pièce dont il protégeait l'auteur, et contre laquelle on savait une cabale montée.

Il avait espéré que sa présence en imposerait aux meneurs ; mais le tumulte n'en avait pas moins lieu.

Le prince indigné se lève et, désignant du doigt

un homme du parterre qui faisait plus de bruit que les autres, il s'écrie :

— Qu'on me prenne cet homme-là !

L'homme se retourne fièrement et répond :

— On ne me prend point ; je me nomme Lérida.

La grande dame et la comédienne

Mme d'Oberkirch raconte dans ses *Mémoires* qu'un jour la duchesse de ***, — personne fort laide, ce dont elle enrageait, car elle était en outre fort galante, — se fit conduire à la maison de Mlle Dervieux, danseuse de l'Opéra, par un de ses adorateurs qui passait pour l'être aussi de cette actrice.

Elle trouva le logis vide, — en apparence du moins, — et se croyant seule avec son introducteur, elle donna carrière à sa jalousie, à l'indignation que lui inspirait ce luxe et n'épargna pas la propriétaire.

— Ah ! s'écria la duchesse en terminant sa diatribe, c'en est trop ; ceci passe toute idée, c'est un conte des *Mille et une Nuits*.

En ce moment un petit œil-de-bœuf, dissimulé dans une rosace de cristal de roche, s'ouvrit, une tête mutine et railleuse se montra : c'était Mlle Dervieux, cachée en observation, et qui, impatientée de s'entendre habiller de la sorte, s'écria :

— Oui, madame, et je doute qu'aucune des vôtres vous en ait jamais valu autant.

———

Voltaire apprenant qu'une petite-nièce de Corneille était dans un état voisin de l'indigence, résolut de lui venir en aide.

— C'est le devoir d'un soldat, s'écria-t-il, de secourir la nièce de son général !

* *

Un casseur de vitres

Beaumarchais avait obtenu de M. de Vaudreuil que *le Mariage de Figaro* fût joué à Gennevilliers, où il eut un succès immense. C'était un des jours les plus chauds de l'année ; il y avait un monde énorme : on n'avait pas réfléchi que les spectateurs étoufferaient.

A la fin du second acte, l'auteur arriva ; on criait de tous côtés :

— De l'air ! de l'air !

Beaumarchais fit observer aux spectateurs que les fenêtres ne pouvaient pas s'ouvrir.

— Il n'y a qu'un moyen d'avoir plus frais, dit-il en agitant sa canne ; je vais casser les vitres.

Et un malin de lui répondre :
— Ce sera la seconde fois de la soirée.

Un auteur peu conséquent

On disait à un auteur tragique qui n'avait pas été heureux :

— Pourquoi ne faites-vous pas des comédies?

— Je ne fais pas de comédies, répond-il d'un ton sentencieux, depuis que j'ai lu Molière.

— Il paraît, lui réplique quelqu'un, que vous n'avez jamais lu Racine.

Une pauvre tragédie jouée au bénéfice de pauvres gens

Les comédiens français ayant choisi la tragédie de *Coriolan*, de Laharpe, pour une représentation au profit des pauvres, un farceur afficha le quatrain suivant à la porte du théâtre :

> Pour les pauvres, la Comédie
> Donne une pauvre tragédie ;
> C'est bien le cas, en vérité,
> De l'applaudir... par charité.

Un public qui n'est pas difficile

Un acteur de talent donnait une représentation en province. Mal disposé, il jouait assez médiocrement une mauvaise pièce et fut outrageusement sifflé. Habitué aux applaudissements, il s'écrie avec colère :

— Imbéciles !

Et il quitte la scène.

— Des excuses ! crie le public.

Le commissaire intervient. Il faut satisfaire au vœu général.

L'acteur revient :

— Messieurs, je vous ai dit que vous étiez tous des imbéciles, c'est vrai. Je vous fais mes excuses, j'ai tort.

Et on l'applaudit chaleureusement.

TRIAL

Trial se trouvait un jour dans un jeu de paume, lorsque le comte d'Artois — qui aimait beaucoup ce jeu — y vint faire la partie.

Comme le prince n'était pas des plus forts, les spectateurs s'égayaient un peu aux dépens du joueur.

Le prince s'en étant aperçu s'emporta et ordonna que l'on fit sortir ceux qui n'étaient pas de sa suite, en les traitant de b...... et de j... f..... Tout le monde sortit, à l'exception de Trial.

— Est-ce que vous n'avez pas entendu ce que j'ai dit? lui cria le comte d'Artois.

— Pardonnez-moi, monseigneur, lui répondit l'artiste; mais comme je ne suis ni un b..... ni un j... f..... je suis resté.

Le prince quitta la partie et se fit construire un jeu de paume sur le boulevard.

※

Une transaction entre la vertu et le plaisir

Après les premières représentations du *Mariage de Figaro*, le duc de Villequier demanda à Beaumarchais une loge grillée pour des dames qui n'osaient pas aller voir sa pièce trop publiquement.

L'auteur adressa au duc cette réponse :

« Je n'ai aucune considération, monsieur le duc, pour des femmes qui se permettent de voir un spectacle qu'elles jugent malhonnête, pourvu qu'elles le voient en secret. Je ne me prête point à de pareilles fantaisies. J'ai donné ma pièce au public pour l'amuser et pour l'instruire, et non pour offrir à des bégueules mitigées le plaisir d'en aller penser du bien en petite loge, à condition d'en dire du mal en société. Les plaisirs du vice et les honneurs de la vertu... telle est la pruderie du siècle. Ma pièce n'est point un ouvrage équivoque; il faut l'avouer ou le fuir.

« Je vous salue; je garde ma loge.

« BEAUMARCHAIS. »

Un impudent personnage et une dame qui n'était pas modeste

Olympe de Gouges n'avait pas beaucoup de succès au théâtre ; malgré cela elle se voyait disputer la « maternité » de ses pièces.

C'est à elle que le directeur du théâtre de la rue de Bondy réclama une part des droits d'auteur pour avoir « retranché » un acte d'une de ses pièces.

—

Étant allée se promener à la campagne, elle ne trouvait plus de voiture pour revenir. Un monsieur lui offrit une place dans la sienne, et la conversation tomba sur Mme de Gouges.

— Je la connais beaucoup, dit le monsieur ; ses ouvrages ne sont pas d'elle, on les lui fait.

— En êtes-vous bien sûr?

— Certainement ; je lui en ai fait un. Vous voyez devant vous un de ses fortunés adorateurs.

En descendant de voiture, la voyageuse dit à son compagnon.

— Je suis cette Olympe de Gouges que vous n'avez jamais connue et que vous n'êtes pas fait pour connaître. On trouve souvent des hommes de votre espèce, mais apprenez qu'il faut des siècles pour produire des femmes de ma trempe.

—

Ce fut Olympe de Gouges qui, après le refus que firent les acteurs d'accepter une de ses pièces, proposa à Fleury de se battre au pistolet à quatre pas, chaque adversaire étant enfoncé à mi-corps dans un tonneau.

Fleury refusa cette charmante proposition.

Les fruits de la Révolution

C'était à l'époque de la première République ; les spectateurs n'étaient pas indulgents pour les acteurs de la Comédie-Française, et leur mauvaise humeur se traduisait quelquefois par l'envoi de pommes cuites. Un de ces projectiles s'étant égaré dans la loge de Mme de Simiane, cette dame l'envoya au général La Fayette avec ce billet :

« Mon général, permettez-moi de vous envoyer le seul fruit de la Révolution qui soit venu jusqu'à moi. »

Comment on peut faire réussir une pièce

Lorsque l'Odéon donna *Misanthropie et Repentir* (28 décembre 1799), la troupe était aux abois ; elle s'était rassemblée pour aviser aux mesures à prendre ; diverses combinaisons se discutaient lorsqu'un domestique de grande maison se présente pour louer une loge. Florence, l'homme aux idées ingénieuses, répond d'un air hautain :

— Il n'y a plus de loges; tout est loué pour trois représentations.

Les collègues de Florence ne pouvaient comprendre quel était son but ; deux heures après ils eurent l'explication : le bruit de ces loges louées s'était répandu dans le faubourg Saint-Germain, et la foule encombrait le bureau de location.

La pièce fut jouée soixante fois ; malheureusement un incendie vint en suspendre le succès.

Un détail qu'il n'est pas inutile de noter, c'est que la pièce est bonne.

Si le nom de Kotzebue n'eût pas un peu protégé *Misanthropie et Repentir*, arrangé par Mme Molé, l'ouvrage aurait été refusé.

Mlle Raucourt avait dit quand on demandait quelques changements à l'auteur :

— C'est un monstre indécrottable.

Comment une actrice se purifia de ses péchés

Une actrice qui avait eu des mœurs très-galantes s'était mariée à un homme honorable. Faisant un jour l'éloge de son mari, elle disait qu'il était doux comme un agneau.

Quelqu'un lui répliqua :

— Oui, c'est l'agneau de Dieu ; il efface les péchés du monde.

Ce que Napoléon pensait des courtisans

Après avoir vu représenter la tragédie d'*Agamemnon*, Napoléon dit à Lemercier :

— Votre pièce ne vaut rien ; de quel droit ce Strophus fait-il des remontrances à Clytemnestre? Ce n'est qu'un valet.

— Non, sire, répondit Lemercier, ce n'est point un valet, c'est un roi détrôné, ami d'Agamemnon.

— Vous ne connaissez guère les cours, reprit Napoléon; le monarque seul est quelque chose, les autres ne sont que des valets.

Une impertinence du chanteur Garat

Ce chanteur célèbre joignait à un grand talent une vanité extrême et même une suprême impertinence.

L'anecdote suivante en est une preuve :

Mme Récamier avait réuni dans ses salons une nombreuse assemblée pour entendre Garat dans *le Christ mourant*, d'Haydn.

Au moment de commencer cette admirable composition, le chanteur annonce que, pris subitement d'une extinction de voix, il ne peut chanter.

Un grand personnage s'exclame et dit :

— Si monsieur Garat ne chante pas, que vient-il faire ici ?

Le chanteur, qui a entendu l'apostrophe, répond :

— M'amuser des sots, monsieur le duc.

Quelqu'un ayant dit à Mme Récamier :

— Avez-vous entendu de quelle façon ce chanteur s'exprime chez vous ?

Cette dame, qui appréciait le talent de Garat, répondit :

— Que voulez-vous ? il est ici chez lui.

Un dramaturge enragé

Un jeune auteur dramatique anglais offrait une tragédie à un directeur de théâtre :

— Ma pièce est un chef-d'œuvre, disait modestement l'auteur ; je réponds qu'elle aura le plus brillant succès, car j'ai cherché à satisfaire le goût du public : ma pièce est si tragique que tous mes personnages meurent au troisième acte.

— Et quels sont donc les personnages qui occupent la scène aux deux derniers actes ? lui demanda le directeur.

— Les ombres de ceux que j'ai tués au troisième.

Les connaissances géographiques d'une ingénue

Cette jeune première lisait une pièce où se trouvait : « La scène se passe en Amérique. »

— Tiens, fit-elle, je ne savais pas que la Seine allât jusque-là.

Une manière de nourrir ses enfants à bon marché

C'est Rosambeau qui l'a inventée ; nous doutons qu'il ait pu la mettre longtemps en pratique.

Quand l'acteur rentrait le soir, il disait à ses enfants :

— Écoutez ! Celui qui ira se coucher sans souper aura un sou.

Tous tendaient la main, recevaient le sou et allaient se coucher sans souper.

Le lendemain Rosambeau disait à ces pauvres petits affamés de la veille :

— Qu'est-ce qui veut déjeuner ce matin ?

— Moi, moi, moi, papa !

— Alors celui qui veut déjeuner doit me donner un sou.

Et chacun rendait le sou, qui servait à faire un repas sur deux.

AUDE

Une femme pour un écu

C'était un joyeux vaudevilliste, qui a eu beaucoup de succès avec ses *Cadet Roussel*, et ses *Madame Angot ;* il contracta une « union » dans des circonstances qui nous fourniront une curieuse anecdote. Nous l'empruntons aux *Mystères des Théâtres*.

Aude avait l'habitude d'aller étudier ses types aux *Porcherons*. Un jour, en entrant à ce cabaret, il voit un ouvrier se disputant avec une jeune femme qui paraissait être la sienne.

— Comment! disait l'ouvrier, je ne trouverai pas un bon diable qui veuille me débarrasser de ma femme! Je la céderais cependant à bien bon compte.

— Combien en voulez-vous? dit Aude en s'approchant.

— Ah! mon Dieu, donnez-moi un écu de six livres, et elle est à vous.

Aude, qui voulait plaisanter, en offrit douze à ce mari anglomane.

L'ouvrier prend l'argent, frappe dans la main de l'auteur et lui dit :

— Touchez là! marché conclu; la femme est à vous, et je vais vous payer quelque chose.

Le trio alla au *Coq-Hardi*. Après maintes libations, le père des *Cadet Roussel* emmena la belle, qui le suivit volontiers, et il la garda pendant... quarante ans!

GEOFFROY

Ce célèbre critique était très-servile ; à propos

de ses bassesses envers Napoléon, un écrivain lui décocha cette épigramme :

> Si l'empereur faisait un pet,
> Geoffroy dirait qu'il sent la rose,
> Et le Sénat aspirerait
> A l'honneur de prouver la chose.

Un poëte, ayant eu à se plaindre de ses critiques, fit contre lui une épigramme que nous n'avons pu retrouver, mais qui indiquait que le critique habitait rue Geoffroy-l'Asnier. Pour la seule fois de sa vie il enfourcha Pégase, et répondit par ces quatre vers :

> Oui, je suis un ânier, sans doute,
> Et je le prouve à coups de fouet
> Que j'applique à chaque baudet
> Que je rencontre sur ma route.

Quand cet écrivain atrabilaire mourut, on fit sur lui cette épigramme :

> Nous venons de perdre Geoffroy.
> — Il est mort ? — Ce soir on l'inhume.
> — De quelle mort ? — Je ne sais. — Je le devine, moi.
> L'imprudent, par mégarde, aura sucé sa plume.

MARTIN

Ce célèbre chanteur était fort embarrassé quand il avait à faire une annonce au public. Ayant à réclamer l'indulgence pour un de ses camarades qui venait de se trouver indisposé, il s'avance vers la rampe et balbutie :

— Messieurs, notre camarade*** est en ce moment... hors d'état de... à cause d'un accident, comme qui dirait... un... ne pouvant...

Un spectateur, voulant le tirer d'affaire, lui crie :

— Chantez-nous ça, Martin !

Les accidents sur la scène

Le chapitre serait long s'il nous fallait énumérer tout ce qui a été raconté ; en voici quelques-uns :

Mlle Duclos, jouant Camille dans *Horace*, tomba sur la scène, en fuyant trop précipitamment, après ses imprécations.

Beaubourg, qui représentait Horace, ôte civilement son chapeau, tend la main à Camille pour la relever ; puis redevenant Romain dans la coulisse, il la poignarde.

———

Baron se tira mieux d'affaire à la suite d'un de ces accidents.

Jouant dans le *Comte d'Essex*, sa jarretière se détacha ; comme il ne se trouvait alors en scène qu'avec le traître Cécil, qu'il pouvait ne pas ménager, il en profita pour la remettre en lui parlant avec une attitude dédaigneuse.

—

Bellecourt, à Besançon, jouait Nérestan avec une culotte de velours qui avait servi à Mlle Clairon dans une pièce à travestissement.

Au moment le plus pathétique de la reconnaissance, lorsque Nérestan se jette aux pieds de Lusignan, cette culotte de velours, dont la mesure n'avait point été prise sur les proportions « opulentes » de Bellecourt, se déchira en deux.

Nérestan dut se relever en tenant à deux mains le malencontreux vêtement, qu'il alla faire recoudre dans la coulisse.

—

Une actrice jouait le rôle de Lisette dans *la Métromanie ;* on sait qu'à la première scène elle tient un manuscrit à la main, lorsqu'elle dit à Mondor :

Témoin, ce rôle encor qu'il faut que j'étudie.

La mémoire lui manque, au deuxième acte, après ce vers :

Enfin, je veux si bien représenter l'idole...

Elle garde le silence pendant quelques secondes; puis, sous une inspiration des plus heureuses, elle dit :

Mais... j'aurai plus tôt fait de regarder mon rôle.

Et elle tire tout naturellement de sa poche le manuscrit qu'elle tenait à la main au premier acte, et continue son rôle très-tranquillement, sans se déconcerter, comme si ce qu'elle vient de faire n'était qu'un jeu de théâtre.

—

Gobert — qui représentait l'empereur avec un tel succès que la salle croulait sous les applaudissements quand il entrait revêtu de sa redingote grise — n'avait pas de mémoire; aussi, quand il avait quelque décret à écrire, quelque lettre à lire, on avait bien soin de les lui copier à l'avance.

Dans je ne sais quelle pièce militaire, l'empereur devait recevoir une lettre des mains de son aide de camp et la lire à ses officiers réunis.

L'aide de camp était Gautier, le loustic du théâtre; il imagina de substituer à la lettre écrite que le régisseur avait eu bien soin de lui remettre, une simple feuille de papier blanc, et, le moment venu, il entra en scène et remit le pli à son empereur.

Gobert prit la lettre, la décacheta, et s'apercevant du tour, il la présenta gravement à Gautier en lui disant :

— Lisez vous-même, général.

Gautier ne savait pas un mot de la lettre et ne

put même pas improviser quoi que ce soit. Jugez de sa position et de ce qui lui advint.

Mistress Hamilton était une femme excessivement « puissante ». Jouant le rôle d'Aspasie, elle allait mourir dans un fauteuil, que les comparses devaient emporter de la scène. Voyant qu'ils ne pouvaient parvenir à la soulever, la morte se relève, fait une belle révérence au public et se rend tranquillement dans les coulisses.

Un accident à peu près semblable arriva à Mlle Suzanne Lagier.

Taillade devait — dans je ne sais quelle pièce — saisir son amoureuse et l'emporter « éperdue et pâmée ». Mais ses bras étaient trop courts pour embrasser une taille aussi splendidement développée que celle de Mlle Lagier.

Un gamin, ayant pitié des efforts surhumains de son acteur bien-aimé, lui crie :

— Faites deux voyages !

Mlle BIGOTTINI

C'était une excellente danseuse douée d'un bon cœur.

Quand elle demeurait rue Mauconseil, il y avait toujours à sa porte une longue file de pauvres.

Un jour que ses laquais cherchaient à les éconduire, elle leur dit :

— Laissez ces braves gens ; ils savent bien que ce qui vient de la flûte retourne au tambour.

—

Rendant visite au chanteur Laïs, elle le trouve avec un jeune homme qui paraissait fort désolé.

S'informant du sujet de la tristesse de ce jeune monsieur, Laïs lui dit :

— Le pauvre garçon est tombé à la conscription ; c'est d'autant plus malheureux qu'il a les plus grandes dispositions pour la peinture.

— Eh bien, répond la Bigottini en se regardant dans la glace pour dénouer les rubans de son chapeau, puisqu'il ne veut pas être militaire, qu'il fasse mon portrait.

Et le lendemain, elle envoyait 10,000 francs au protégé de Laïs.

* *
*

Une consolation

Grimm n'était pas riche en agréments extérieurs, mais sa mise était toujours fort recherchée, et, pour corriger les défauts de son visage, il y mettait du rouge et du blanc.

Mlle Fel, de l'Opéra, à laquelle Grimm faisait

une cour assidue, parlait un jour de la laideur de son soupirant à une de ses camarades :

— De quoi te plains-tu, lui dit celle-ci, n'est-il pas fait à peindre ?

TALMA

Quand il joua Titus, dans le *Brutus* de Voltaire, il se fit couper les cheveux sur le modèle d'un buste romain ; le parterre l'applaudit. Huit jours après, tous les jeunes gens de Paris avaient les cheveux coupés courts, et de cette soirée date la mode de se coiffer *à la Titus :* le règne de la queue finissait.

On a dit que Napoléon avait reçu de Talma des leçons de tenue ; c'est possible ; mais l'empereur lui en a donné une qui est assez curieuse. C'est Talma qui écrit :

« Le lendemain d'une représentation de *la Mort de Pompée*, à Fontainebleau, j'assistais au déjeuner de l'empereur ; il me fit quelques remarques sur le rôle de César que j'avais joué dans la pièce :

« — Vous parlez, dit-il, avec trop de bonne foi, de persuasion, contre le trône, en vous adressant à Ptolémée, dans votre première scène. César n'est pas un jacobin ; il ne s'élève contre l'autorité des rois que parce qu'il a derrière lui ses Romains qui l'écoutent. Il est bien loin d'être convaincu que ce trône, qui est déjà l'objet de tous ses vœux, soit une chose méprisable. Il faut faire sentir qu'il parle d'une manière et qu'il pense d'une autre. »

———

C'est cet acteur qui acheva la réforme du costume commencée par Lekain et par Mlle Clairon. Tout réformateur doit s'attendre à être persécuté; la persécution de Talma fut légère : elle se borna à une épithète grossière.

La première fois qu'il parut sur le théâtre, vêtu en véritable Romain, drapé dans ses habits de laine, chaussé du cothurne antique, les jambes et les bras nus, Mme Vestris, qui était en scène, le regarda des pieds à la tête :

— Mais, lui dit-elle, vous avez les bras nus, Talma!

— Je les ai comme les avaient les Romains.

— Mais, Talma, vous n'avez pas de culotte!

— Les Romains n'en portaient pas.

— Cochon!

Mme Vestris n'en put dire davantage; elle sortit de scène, étouffant de colère et ne comprenant pas que Talma eût pu, sans être fou, commettre une pareille énormité.

———

Talma avait épousé, en secondes noces,

Mlle Vanhove; cette union fut longtemps heureuse; sa femme tolérait son goût exagéré pour la dépense; mais, quand il devint homme à bonnes fortunes, elle fut moins indulgente. C'est à Mme Talma que nous empruntons cette anecdote:

Elle lui disait un jour avec quelque amertume:

— Si j'avais des goûts aussi dispendieux que les tiens! si je voulais des diamants, des loges à tous les théâtres! si j'avais des fantaisies...

Elle croyait le fâcher; mais il lui répondit avec le plus grand sang-froid :

— Eh bien! nous aurions plus de dettes.

Se promenant un jour avec sa femme, ils rencontrent un jeune homme qui saute au cou de Talma avec la démonstration de la plus vive amitié. On cause théâtre, littérature. Talma paraissait enchanté.

Enfin, on se quitte, en se promettant de se revoir bientôt.

— Quel est ce monsieur? lui dit sa femme.

— Ma foi, je n'en sais rien, répond Talma.

— Mais tu l'appelles ton ami?

— Eh bien, ma chère, c'est un ami que je ne connais pas.

Ce grand artiste était souvent préoccupé. Un jour qu'en descendant un escalier avec Mlle Desgarcins, — dont la voix avait tant de charme, — il négligeait de lui donner la main :

— Comment, Talma, lui dit-elle, vous ne m'offrez pas votre bras !

— Eh bien, répondit-il en pensant à tout autre chose, prenez la rampe.

Un ami de Talma partit pour l'Amérique, où il resta quatre ans, attendant en vain une réponse aux nombreuses lettres qu'il lui écrivait. De retour à Paris, cet ami s'empresse de courir au théâtre, ou plutôt à la loge de l'artiste, qui s'habillait pour jouer Manlius. En l'apercevant, Talma lui dit, comme s'il l'avait vu la veille :

— Ah ! bonjour, mon petit ; comment vas-tu ?

L'ami lui fait des reproches de la négligence qu'il a mise à lui répondre ; mais Talma, sans s'émouvoir, lui dit :

— Que tu es injuste ! j'ai dans mon secrétaire une lettre pour toi de plus de quatre pages ; tu l'auras ce soir : dis à présent que je suis négligent !

Si Talma fut prodigue, s'il eut quelques faiblesses, des bizarreries de caractère, disons avec sa noble femme : « Quel génie en est exempt ! et si Talma eut des torts, ils se perdent dans sa gloire ! »

—

Un mot qui fut dit sur la femme de Talma nous donnera une idée de son talent d'actrice.

Mlle Vanhove, alors très-jeune, jouait le rôle du muet dans *l'Abbé de l'Épée* :

— Si elle intéresse ainsi sans parler, que serait-ce donc si on pouvait l'entendre ?

Mlle BOURGOIN

Rien n'était plus joli que Mlle Bourgoin à ses débuts, et vingt-cinq ans après elle était encore une des plus belles actrices de la Comédie-Française ; elle avait un esprit fin, vif, mordant et excessivement enjoué. Blanchisseuse dans sa jeunesse, elle conserva toujours une légère teinte de son premier état. « Elle avait, dit un chroniqueur, des yeux à faire damner un archevêque, un corps admirable et de l'esprit comme Sophie Arnould ; c'en était plus qu'il ne fallait pour plaire et trouver des protecteurs. Le comte Chaptal, ministre de l'intérieur, le maréchal duc de Raguse et un jeune homme, nommé M. de Reuilly, devinrent presque en même temps les protecteurs de la jeune et jolie Thérèse Bourgoin. Il y eut un duel entre le maréchal et M. de Reuilly, qui fut blessé et mourut des suites de sa blessure en 1808.

« La liaison de Mlle Bourgoin avec M. Chaptal était chose publique, personne n'en faisait mystère, et comme le Théâtre-Français était dans les attributions du ministère de l'intérieur, Mlle Bourgoin était devenue une puissance, témoin ce distique :

> Tremblez tous devant moi, Fleury, Lafon, Talma ;
> Tremblez tous devant moi, car monsieur Chaptal m'a !

« La double protection du ministre et du maréchal donna un fils à Mlle Bourgoin.

« On raconte que lorsque cet enfant eut atteint l'âge de cinq ou six ans, elle l'envoyait, au 1er janvier, souhaiter la bonne année à ses deux pères putatifs. Quand il revenait de chez son papa Chaptal, et qu'elle n'était pas contente du cadeau qu'il en rapportait, elle lui disait :

« — Allons, va à présent chez ton papa Raguse pour voir s'il sera aussi ladre que l'autre. »

L'enfant étant devenu grand, l'actrice pressait vivement Chaptal, qui s'y refusait toujours, pour qu'il octroyât une bourse à sa progéniture.

Irritée de ces refus, elle menaça le ministre de conduire l'enfant sur le passage de l'empereur, à qui il dirait :

— « Sire, je suis le bâtard de votre apothicaire. »

Chaptal, qui la savait capable d'accomplir sa menace, lui accorda la faveur demandée.

—

Parmi les personnages notables qui lui accordèrent leur protection, on cite Napoléon, Alexandre, Jérôme Bonaparte, au moment où il fut nommé roi de Westphalie ; nous ne parlons pas du menu fretin.

—

Il y a dans la vie de M{^{lle}} Bourgoin une infinité d'aventures assaisonnées de bons mots très-difficiles à raconter tant ils sont décolletés.

En voici quelques-uns qui n'ont pas besoin de voile de gaze.

M{^{lle}} Duchesnois — qui était loin d'être jolie — l'ayant un jour traitée de « femme légère », M{^{lle}} Bourgoin lui répliqua :

— Il n'y a pas de doute ; j'en suis une, mais tu en es une autre ; et du moins, moi j'ai le physique de l'emploi.

—

Une grande dame de la cour impériale, qui avait perdu un perroquet auquel elle tenait beaucoup, s'étant imaginé que M{^{lle}} Bourgoin avait cet oiseau chez elle, lui écrivit une lettre prétentieuse au bas de laquelle elle étala tous ses titres.

Mlle Bourgoin lui répondit :
« Ni vu ni connu.

« IPHIGÉNIE EN AULIDE. »

—

Elle répondit un jour à son camarade Armand, qui s'excusait d'arriver en retard à une répétition parce qu'il avait été retenu chez lui par des dames :

— Quand on a des dames comme cela chez soi, on les prie poliment de prendre leurs cannes et leurs chapeaux, et l'on vient répéter.

—

Talma disait, à une répétition, à ses « jolies camarades » :

— Pour nous, les appointements sont tout; tandis que vous, mesdames, vous avez d'autres avantages.

— Ah! mon ami, s'écria Mlle Bourgoin, pas tant que tu crois, va : il y a bien des non-valeurs!

Mlle MARS

Cette célèbre actrice aimait beaucoup Napoléon. Léon Gozlan dit, dans ses *Châteaux de France*, qu'on lui a montré à Rambouillet certain petit kiosque isolé au milieu d'un lac, où Napoléon la reçut mystérieusement. Ceci explique l'enthousiasme de l'actrice pour le souverain.

Quoi qu'il en soit, à la Restauration, MM. les gardes du corps, ayant une antipathie contre cette actrice, résolurent de la lui manifester par leurs sifflets.

Quelqu'un ayant averti Mlle Mars des projets de cette cabale, elle répondit :

— Qu'est-ce que les gardes du corps ont de commun avec Mars ?

Ceci n'était pas fait pour la réconcilier avec ces messieurs.

—

Un soir, ayant paru sur la scène avec une robe constellée d'abeilles et de violettes, le tumulte fut à son comble. On voulut la forcer à crier : Vive le roi !

Elle s'y refuse d'abord ; le tumulte redouble ; une inspiration vient à l'artiste : s'avançant vers le public :

— Vous me demandez, dit-elle, de crier : Vive le roi !

Après une pause :

— Eh bien, je l'ai dit.

La rancune de la célèbre comédienne ne tint pas longtemps : Louis XVIII, en homme d'esprit, se la rallia en lui accordant une pension de 30,000 livres.

Ch. Maurice dit, dans son *Histoire anecdotique des Théâtres :*

« Dans le cabinet en forme de paravent, destiné à l'ajustement des acteurs pendant les représentations, Mlle Mars a été complimentée, ce soir, sur la beauté des boutons d'oreilles que vient de lui envoyer Louis XVIII. Trop oublieuse en ce moment :

« — Ce n'est pas, dit-elle, l'*autre* qui me les aurait donnés.

« Mlle Patrat, qui a son franc parler et dont l'opinion est connue, n'a pas craint de lui répondre :

« — Je ne sais ; mais il vous a donné assez souvent ce qu'il fallait pour en avoir de plus beaux. »

Ceci se passait le 1er juillet 1814.

Le même auteur nie l'histoire des violettes portées sur la scène par Mlle Mars.

Et cependant, Mlle Mars n'était pas avide, si cette anecdote est vraie :

Un Anglais, arrivé à un âge assez avancé, n'ayant jamais vu Mlle Mars que sur la scène, s'éprit pour elle d'une grande passion. N'osant se déclarer, il fit un testament en faveur de l'illustre actrice, dans lequel il lui léguait sa fortune — plus d'un million — et se brûla la cervelle.

L'artiste refusa ce legs.

— On prétend que je suis méchante, disait Mlle Mars à Hoffmann; est-ce vrai?

— C'est une injustice, répondit le savant critique; tu es bonne depuis la toile de fond jusqu'à la rampe.

———

Nous trouvons l'anecdote suivante dans *les Mystères des Théâtres de Paris* :

Voyant son camarade Armand jouer avec beaucoup de passion les amoureux, elle dit :

— Où et comment peut-il apprendre cela?

Les amours de Mlle Mars

Quand Mlle Mars changeait d'amant, dit *Paris-Actrice*, tout Paris en était informé : la nouvelle en circulait à la Bourse, dans les foyers, les salons, les restaurants, partout.

La célèbre actrice ne choisissait pas ses adorateurs précisément « parmi les bas percés de la littérature et de la société ». Elle adoptait plus volontiers — conformément aux mœurs et aux goûts d'alors — les officiers à la mode, les *lions* militaires.

Ces sortes de liaisons à épaulettes produisaient parfois de jolis petits drames larmoyants et légèrement marivaudés.

On annonçait que Mlle Mars, amoureuse folle

du brillant colonel de B***, se voyant négligée par lui, mettait chaque soir un poignard et du poison sur sa table de nuit.

Quelle sensation profonde dans tout le public! Comme on était inquiet, alarmé!

Quelques jours après, Mlle Mars — pour rassurer tout à fait le public — avait formé une autre liaison; encore un militaire, tout aussi élégant que le colonel de B***, et de plus son ami intime.

Et tout le monde était satisfait.

Ce fut un inconnu — un misérable — qui avertit brutalement Mlle Mars que l'heure de la retraite avait sonné en lui jetant sur la scène une couronne d'immortelles jaunes et noires. Le lendemain, elle quitta le théâtre. C'était en 1841.

Peut-on avoir plus de philosophie?

L'auteur de cette pièce exquise, *la Suite d'un Bal masqué*, et aussi de *Michel Perrin*, etc., Mme de Bawr, avait d'abord composé de gros mélodrames pour le boulevard du Crime.

Quand on parlait à cette dame des succès fabuleux des drames de nos jours et de leurs deux cents représentations consécutives, elle avait un sourire de pitié, un petit coup d'épaule, un vrai mépris.

—Deux cents représentations, disait-elle, ah! si vous aviez vu seulement mes *Chevaliers du Lion* à l'Ambigu-Comique! On les a joués deux années de suite, et ce n'est pas le public qui s'est lassé, c'est le directeur. Il s'appelait Corse; il excellait dans l'art d'épouvanter le peuple; on ne lui fournissait jamais assez de brigands, de fantômes et de souterrains; mais j'en avais tant mis dans *les Chevaliers du Lion,* que toute la France « intelligente » y passa.

Et elle ajoutait une anecdote que ne récuserait pas le plus effronté puffiste américain :

— Un soldat qui s'était battu dans les Indes contre les Anglais racontait qu'après une victoire — et l'affaire avait été chaude — le roi du pays l'avait appelé et lui avait dit en présence de toute sa cour : «Soldat, je suis content de toi; voici un billet d'Ambigu pour ta récompense. En te hâtant quelque peu, tu arriveras assez tôt pour voir *les Chevaliers du Lion.* »

Et quand on parlait à Mme de Bawr d'une pièce abominablement sifflée :

— Ah! répondait-elle, que n'étiez-vous à mon *Revenant de Bérézule!* en voilà des sifflets! Pas un auteur dramatique ne peut se vanter d'en avoir entendu de cette sorte. On sifflait quand je suis sortie, et sur le boulevard j'entendais les sifflets; on sifflait quand je suis montée en voiture, on sifflait encore quand j'en suis descendue. Pourtant *les Revenants de Bérézule* valaient pour le moins *les Chevaliers du Lion*.

Et en disant toutes ces choses, elle riait de bon cœur, ajoute Jules Janin.

GEORGES

Mlle Georges était élève de Mlle Raucourt, et élève oubliant souvent les heures de leçon. Quand on venait avertir le professeur que Georges ne viendrait pas, Raucourt s'écriait :

— La paresseuse ! Au lieu de se préparer à avoir un bel appartement, elle aime mieux rester sur son grabat de la rue Clos-Georgeot.

Ceci se passait au commencement de sa carrière dramatique : elle venait de jouer Idamé dans *l'Orphelin de la Chine*, et mangeait un plat de lentilles dans une modeste chambre garnie de l'hôtel du Pérou.

Le prince Zappia se fait présenter à Mlle Georges et lui remet une gerbe de lilas blancs dans laquelle il avait caché l'acte de donation d'un petit hôtel entièrement meublé, situé rue des Colonnes.

Ce qui frise l'invraisemblable dans cette anecdote cependant très-vraie, c'est que le prince Zappia ne revit jamais Mlle Georges qu'au foyer de la Comédie-Française.

Bonaparte eut du goût pour cette admirable beauté, mais il fut moins platonique ; voilà comment ce conquérant traitait une « affaire de sentiment », selon Alexandre Dumas :

« Le premier consul fit dire à Hermione qu'il l'attendait à Saint-Cloud ; l'invitation était brusque, mais tout à fait dans les manières du premier consul.

« Dame ! le premier consul était l'homme de Rivoli, d'Arcole, des Pyramides et de Marengo. Antoine avait bien ordonné à Cléopâtre de le venir joindre en Cilicie, Bonaparte pouvait bien dire à Hermione de venir le trouver à Saint-Cloud. Certes, non moins belle que Cléopâtre, elle aurait pu descendre la Seine sur une galère dorée, comme l'autre remonta le Cydnus ; mais c'eût été bien long. Le premier consul était pressé de faire ses compliments. Hermione entrait à Saint-Cloud à minuit et demi ; elle en sortait à six heures du matin.

« Elle en sortait victorieuse comme Cléopâtre ; elle avait tenu le « maître du monde » à ses genoux. »

—

Le Théâtre-Français était alors partagé en deux camps : les partisans de Georges et ceux de Duchesnois : les *Georgiens* et les *Carcassiens*, — allusion « délicate » à la maigreur de la dernière.

— Ah çà, de quel côté se range Cambacérès? demandait un soir Talma, au foyer des artistes.

— Il est neutre, répondit Georges.

———

Cette célèbre actrice, se trouvant à Moscou lorsque la guerre éclata entre la France et la Russie, voulait retourner en France.

L'empereur Alexandre s'y opposa en disant :

— Je soutiendrais la guerre contre Napoléon pour vous garder.

— Mais, sire, ma place est en France, répondait Georges, elle n'est plus ici.

— Laissez prendre les devants à mon armée, répondait le czar, je vous conduirai moi-même à vos compatriotes.

— En ce cas, sire, j'aime mieux rester à Moscou : j'attendrai moins longtemps.

———

Quelqu'un disait à Harel qu'il fatiguait beaucoup trop Mlle Georges en la faisant jouer sans relâche sur un théâtre aussi vaste que celui de la Porte-Saint-Martin.

— Point du tout, répondit Harel, je lui laisse un jour par semaine, le dimanche... pour mettre des sangsues.

———

Avant de mourir Mlle Georges exprima ce vœu, qui fut exaucé :

— Je veux que l'on m'enterre avec une robe de soie noire et mon manteau de Rodogune.

***

Mlle Duchesnois et Mlle Georges

Geoffroy, le prince des critiques de son temps, disait en parlant de ces deux actrices :

— Mlle Duchesnois est si bonne qu'elle en est belle; Mlle Georges est si belle qu'elle en est bonne.

Un directeur qui savait se tirer d'embarras

Ce directeur était Harel, dont la caisse était souvent vide.

Un jour qu'il devisait avec Frédérick Lemaître, un jeune homme, un manuscrit à la main, entre timidement dans le cabinet directorial.

Harel flairant un débutant littéraire, une idée lumineuse lui traverse l'esprit :

— Monsieur, dit-il à l'arrivant avant que celui-ci ait ouvert la bouche, votre drame est reçu... Mais asseyez-vous donc !

Et il se met à énumérer les dépenses sans nombre qu'entraîne fatalement la représentation d'un drame : frais de décors, de costumes, etc. Bref, le jeune dramaturge comprend qu'il doit payer sa gloire.

— Deux mille francs suffiraient peut-être?

— Allons donc! Ce n'est pas deux mille, ce n'est pas quatre mille; c'est dix mille francs qu'il me faudrait pour monter convenablement votre pièce.

L'infortuné cède; le marché est conclu.

Frédérick, assis dans un coin, observe tout.

Enfin l'auteur se lève, salue et sort.

S'approchant d'Harel, Frédérick lui frappe sur l'épaule, et lui montrant sa victime :

— Vous savez qu'il a encore sa montre! lui dit-il d'un ton que Robert Macaire eût envié.

—

C'est Harel qui disait :

— Quand il s'agit de s'attacher un grand artiste, il ne faut jamais hésiter, et lui accorder ce qu'il demande... Mais quand il s'agit de le payer, il faut être beaucoup plus circonspect.

C'est lui qui l'a dit·

Charles Maurice raconte que Perpignan avait fait une pièce pour le Gymnase, qui fut outrageusement sifflée.

— Cette pièce me fait, bon gré, mal gré, le confrère de Chateaubriand et de Viennet, disait Perpignan.

Un soir rencontrant Delrieu à l'Opéra, il lui dit :

— Bonjour, confrère.

— Imbécile ! répond l'auteur d'*Artaxerce*.

— C'est bien comme cela que je l'entends, lui dit très-gracieusement Perpignan.

Comment un acteur-amateur comprenait son rôle

Un amateur jouait le rôle de Grandville dans *les Comédiens* de Casimir Delavigne.

Quand il en fut à ces vers :

> Le public, dont l'arrêt punit ou récompense,
> S'informe comme on *joue* et non pas comme on *pense*.

Voulant faire *un effet*, il se frappa la joue et le ventre, ce qui lui valut une brillante ovation.

Mᵐᵉ BOULANGER

Cette femme d'esprit et de talent nous fournira une piquante anecdote.

Parmi les nombreux adorateurs de cette dame, un écrivain spirituel se faisait remarquer. C'était l'auteur de la comédie de *Brueys et Palaprat*. Les jeunes, qui pourraient ne le pas connaître, trouveront à la fin de l'anecdote un calembour qui leur donnera son nom.

Un jour qu'il avait inutilement employé toutes

les fleurs de la rhétorique — et du printemps — pour obtenir une légère faveur, il voulut prendre furtivement ce qu'on lui refusait.

Aussitôt le plus vigoureux soufflet que puisse détacher une main potelée attachée à un bras fortement construit tomba sur la joue du futur académicien.

Le lendemain, on lisait dans un journal de théâtre :

A VENDRE

« Un *soufflet* bien conditionné, offert en présent à un homme de lettres qui l'a gardé soigneusement. Ce soufflet sort de la main d'une artiste distinguée ; les clous en sont dorés *et tiennent.* »

BRUNET

C'était un bon acteur et un homme d'esprit, comme le prouve cette anecdote.

Brunet venait de jouer — chez la reine Hortense — *Cadet Roussel beau-père ;* les spectateurs riaient encore, lorsque Brunet s'avança pour débiter cette maxime burlesque :

« Ne donnons jamais rien à nos enfants si nous voulons qu'ils aient pour nous une reconnaissance égale à nos bienfaits. »

L'empereur venait de faire son fils roi de Rome, et l'acteur, ayant cru voir sur le visage de Sa Majesté une expression de mécontentement, ajouta avec beaucoup d'à-propos :

« Excepté quand nous pouvons leur donner un trône. »

A ce trait inattendu, Napoléon se mit à rire et dit à la reine Hortense :

— Cet homme-là est un grand politique.

**

A qui une actrice n'ouvrait pas

Charles Maurice raconte qu'une actrice, après avoir joué, se déshabillait et n'avait plus que le dernier vêtement lorsqu'elle entendit frapper à la porte.

— N'entrez pas ! crie-t-elle d'un air très-effrayé.
— Pardon ! dit le visiteur.

L'actrice, reconnaissant la voix, dit :

— Ah ! c'est vous, Legouvé, entrez ; j'ai cru que c'était une femme.

Trahit sua quemque voluptas.

Mlle ADELINE

était une actrice des Variétés fort connue pour ses naïvetés et surtout les libertés de son orthographe.

Elle disait :

— J'ai pris du café fort... comme un Turc.

Le pavé est gras... comme un moine. — J'ai faim... comme un cheveu. — A un soupirant qui était chauve : Vos cheveux sont clairs... comme de l'eau de roche.

Elle écrivait à l'un de ses protecteurs :

« Ne venez pas demain sans m'apporter cinq cents francs dont j'ai besoin. Je ne pourrais pas vous recevoir sans cela : pas d'argent, pas de Suisses. »

Comme nous l'avons dit, son instruction orthographique était très-bornée, et souvent elle mettait des C pour des S.

Elle écrivait un jour à sa couturière :

« Envoyez-moi ma robe de satin, » toujours avec le maudit C pour un S.

Un cuir

Une jeune personne, qui voulait se consacrer au culte de Melpomène, mais dont l'instruction avait été négligée, alla trouver un professeur de déclamation du Conservatoire et obtint une audition.

Elle débuta ainsi :

<blockquote>En vain vous l'exigez, je ne sais pas z'haïr...</blockquote>

Le professeur l'arrête :

— Ma belle enfant, c'est un petit malheur ; si vous ne savez pas *Zaïre*, il faut aller l'apprendre.

ODRY

A la centième représentation des *Petites Danaïdes*, l'actrice chargée de représenter l'Amour s'approche d'Odry, qui se trouvait dans la coulisse, et lui dit d'un air malicieux :

— Tremble, je suis l'Amour.

Odry ayant jeté un coup d'œil sur son costume, flétri par ce grand nombre de représentations, lui répond :

— Ça se peut bien ; mais, en tout cas, tu n'es pas l'*amour-propre*.

Une actrice faisait remarquer à ses camarades la façon dont elle rendait une scène pathétique, et surtout sa manière de prononcer un *ah!* qui émotionnait, disait-elle, toute la salle. Comme elle demandait leur opinion à ses camarades, elle arrive à Odry et veut savoir ce qu'il en pense.

— Ce que j'en pense ? que c'est une *atrocité* (ah ! trop cité).

**
* **

Porcher et Alexandre Dumas

Porcher était un marchand de billets qui est mort après avoir réalisé une fortune considérable.

Ce monsieur avait fait des affaires d'or avec ce grand prodigue de Dumas ; mais cela ne suffisait pas à Porcher : il lui manquait encore quelque chose pour être heureux.

Enfin un jour, s'armant de courage, il se décida à confier à Dumas ce désir formé depuis tant d'années :

— Monsieur Dumas, j'ai un service important à vous demander.

— Voyons, mon cher maître, que désirez-vous ? répond Dumas.

— Eh bien, je voudrais être tutoyé par le plus grand écrivain des temps modernes.

— Rien de plus facile, répond Dumas : Porcher, prête-moi cinquante louis !

—

Alexandre Dumas et un débutant littéraire

Alexandre Dumas, qui était bon en toutes choses, accueillait avec une grande bienveillance les jeunes littérateurs. Dieu sait ce qu'il a dû lire de choses médiocres... s'il les a lues.

Un jeune homme lui lisait une pièce en vers.

Après le premier acte, Dumas, voulant lui exprimer son opinion, sans le blesser, lui dit :

— Mon enfant, vos rimes ne sont pas très-riches.

— Pas riches ! dit le jeune homme en laissant tomber son manuscrit comme un homme entièrement découragé.

Alexandre Dumas, regrettant d'avoir causé un

moment de douleur à un jeune débutant, ramasse le manuscrit, le lui remet en main en lui disant :

— Ne vous découragez pas pour cette réflexion, mon enfant ; vos rimes ne sont pas riches, c'est vrai, mais elles sont à leur aise !

Mme DORVAL

Un immense talent, avec beaucoup de cœur et de l'esprit ; c'était une actrice parfaite.

Elle disait en parlant de son visage fatigué de bonne heure :

— Je ne suis pas belle, je suis pire.

Jouant à Anvers pendant l'été, elle n'avait personne ; elle écrivit à Alexandre Dumas, et dessina dans sa lettre le théâtre d'Anvers, avec une multitude de rats dansant à l'entour ; ce rébus voulait dire qu'il n'y avait pas un chat dans la salle.

On lit dans la *Vie des Comédiens*, de M. E. Deschanel :

« Mme Dorval venait de jouer un nouveau rôle ; le public, ce soir-là, par extraordinaire, avait été lourd à soulever ; mais dans une baignoire de côté, pas très-éloignée de la scène, une femme, demivoilée d'ombre, avait tout d'abord répondu aux vibrations magnétiques de la grande actrice ; peu à peu ses applaudissements avaient entraîné ceux de l'assemblée, et aidé Mme Dorval à mettre le feu aux poudres.

« A la fin, grand succès, cris et rappel ; et Mme Dorval, saluant du côté de son amie inconnue, essayait de distinguer ses traits dans le clair-obscur ; mais déjà le rideau retombait.

« Au moment où l'actrice rentrait dans sa loge pour quitter son costume, la femme de la baignoire s'y précipite, et se jetant à son cou, sans lui donner le temps ni de se reconnaître, ni de la reconnaître :

« — Ah ! laissez-moi vous embrasser ! ah ! que vous avez été belle !

« Mme Dorval, tout en l'embrassant aussi :

« — Mais qui êtes-vous donc ?

« — Qui je suis ? dit l'autre. Connaissez-vous la Malibran ?

« — Ah ! si je vous connais !... Attendez !

« Et, soulevant la draperie qui séparait la loge en deux, elle fait voir, dans une sorte de chapelle, le portrait de la grande cantatrice :

« — Voyez, reprend-elle, si je vous connais ! et si je vous admire, moi aussi ! et si je vous aime ! Que je suis heureuse d'avoir été applaudie par vous ! c'est vous qui avez enflammé le public... »

SAMSON

Un poëte, refusé à l'unanimité par le comité du Théâtre-Français, aborde Samson, qui faisait partie de ce cénacle.

— Monsieur, lui dit le poëte, j'ai lieu de me plaindre de vous : vous avez déposé une boule noire dans l'urne, et vous avez dormi pendant la lecture de ma pièce.

— Mais, monsieur, répond l'artiste, en littérature le sommeil est une opinion.

Un nain colossal

Lablache chantait à Londres quand on y montrait le nain Tom Pouce :

Une dame de la *gentry*, voulant examiner le nain tout à son aise, se rend à son hôtel, qu'habitait aussi la célèbre basse. On sait que Lablache était d'une taille colossale.

La dame se trompe et frappe à la porte de Lablache, que celui-ci vient ouvrir lui-même.

Toute stupéfaite de voir un géant au lieu d'un nain, elle balbutie :

— Pardon, monsieur, je venais rendre visite au général Tom Pouce.

— C'est moi, madame, dit le chanteur.

— Oh ! je m'étais bien trompée. On m'avait dit, monsieur, que vous étiez un tout petit homme.

— Au théâtre, oui, madame ; mais chez moi, je me mets à mon aise.

La dame n'est pas revenue de sa surprise... si elle existe encore.

Une mystification

Le père des Séveste, qui dirigèrent les théâtres de la banlieue, fut un acteur du Vaudeville ; il était spirituel, jovial et assez bon mystificateur ; il a joué plus d'un tour de sa façon à son candide camarade Chapelle.

En revenant de Rouen, où il avait donné des représentations, il racontait à Chapelle que, pendant son séjour dans cette ville, il était parvenu à élever une carpe qui le suivait partout comme un chien... et il ajoutait qu'il avait eu beaucoup de chagrin de sa perte.

Chapelle lui demanda comment il avait perdu cette carpe.

— Mon Dieu ! dit Séveste, un soir que je l'avais amenée dans ma loge, il survint un orage épouvantable après le spectacle. Ma petite carpe m'avait très-bien suivi jusque dans la rue ; mais sur la place de la Comédie, la pauvre bête se noya en voulant sauter un ruisseau !

— Quel malheur ! s'écria Chapelle ; je croyais que les carpes nageaient comme des poissons.

RACHEL

Mlle Rachel avait prié Ingres de faire son portrait. Après l'avoir fixée attentivement pendant quelques minutes, le peintre lui dit :

— Il me faudra cinquante séances de chacune deux ou trois heures.

— Et en combien de temps ces cinquante séances ? demanda Rachel.

— En cinq ou six ans.

— Miséricorde! je serai morte avant... que vous m'ayez rendue immortelle!

— Madame, dit le peintre avec sa rudesse habituelle, vous n'avez pas besoin de moi pour cela : vous avez su faire vos affaires vous-même.

Et quand Rachel sut que le peintre ne plaisantait pas en parlant ainsi, — il avait mis dix ans à parachever le portrait de Mme Moitessier, — elle disait :

— On a le temps de devenir grand'mère avant d'être accrochée dans son salon, et le pinceau doit toujours être occupé à vieillir ce qu'il a fait.

—

La grande tragédienne donnait un bal costumé. Sa sœur Sarah, douée d'un splendide embonpoint, arrive habillée en bergère.

— Quelle idée! s'écrie Rachel; tu as l'air d'une bergère qui a mangé tous ses moutons.

Dans ses moments de dépit et de colère intimes, — dit le docteur Véron, — M¹¹ᵉ Rachel montrait parfois la même intempérance de langage que M. Thiers. Elle s'était prise un jour de querelle avec moi. Je lui tenais tête : j'entendis s'échapper de ses lèvres, à petit bruit, le mot : Canaille ! On se réconcilia.

— Tout cela est bel et bien, lui dis-je ; mais vous m'avez apostrophé d'une de ces injures que personne ne s'était jamais permis de m'adresser ; vous m'avez appelé *canaille !*

— Plaignez-vous, me répondit-elle en riant, ce n'est que depuis ce moment-là que vous êtes de la famille.

———

On a reproché à cette célèbre tragédienne son avidité ; une anecdote va nous montrer que si elle aimait à recevoir, elle aimait aussi à donner :

Un soir, on jouait *Adrienne Lecouvreur ;* Mᵐᵉ Allan avait oublié la bague qu'elle doit porter au premier acte. M¹¹ᵉ Rachel ôta de son doigt une superbe bague, enrichie de brillants et de rubis, et en la présentant à Mᵐᵉ Allan elle lui dit :

— Madame, veuillez me faire le plaisir de vous servir de celle-ci et de la garder.

— Pas toujours ?

— Si fait, toujours ; car en me la rendant, vous me reprendriez le plaisir que j'aurais à vous la voir porter.

Quelques anecdotes sur Levassor

Ce joyeux comique du Palais-Royal était un homme d'esprit, si l'on en juge par la première anecdote, et un homme de cœur comme le prouve la dernière.

Il était si médiocre, lors de ses débuts, et il en avait si parfaitement conscience, qu'ayant reçu, un soir, un coup de sifflet, en rentrant dans les coulisses, il dit à ses camarades :

— Messieurs, tenons-nous bien, il y a un connaisseur dans la salle.

Son talent d'imitateur était tel qu'à un dîner d'acteur et d'actrices, il paria avec Lhéritier qu'avant de se séparer, il se transformerait d'une telle façon que nul ne pourrait le reconnaître. Lhéritier accepta le pari.

Au moment de prendre le café, Levassor disparaît par une porte, aussitôt entre par la porte de service un garçon de café portant un plateau chargé de tasses qu'il place devant chaque convive.

En versant le café, il casse la soucoupe de Déjazet, laisse tomber du liquide brûlant sur le nez d'Hyacinthe, renverse la tasse de Mlle Ozy sur le gilet de Ravel. On regarde de travers ce garçon aux gros favoris noirs, aux cheveux crépus, ayant tous les aspects d'un traître de mélodrame.

Cependant on se contient; tout à coup, notre malotru prend un morceau de sucre et va le tremper dans la tasse de Déjazet pour s'en faire un canard.

Tout le monde est furieux. Lhéritier se lève, prend le garçon par le bras pour le mettre à la porte.

Levassor se débarrasse de ses gros favoris, de ses cheveux crépus et dit à son camarade :

— Tu as perdu ton pari.

Un rire universel s'empare de toute l'assemblée, et Levassor, triomphant, reçoit avec modestie toutes les félicitations.

—

Il avait égayé de ses lazzis un concert de banlieue donné au bénéfice des indigents. Après le concert, le curé offrit une collation à tous les artistes qui avaient prêté leur concours à cette œuvre de charité.

Levassor trouva sous sa serviette un œuf de Pâques dont l'enveloppe fragile, en se brisant, laissa tomber cinq pièces de vingt francs.

— Ah! monsieur le curé, dit gaiement l'artiste, vous connaissez mal mes goûts; j'adore les œufs à la coque, mais je n'en mange que le blanc. Excusez-moi de laisser le jaune pour vos orphelins.

**

Touchante naïveté

Le docteur Véron raconte dans ses *Mémoires* qu'il aperçut un jour —. quand il était directeur de l'Opéra — une jeune figurante dans une «.position intéressante ». Après l'avoir engagée à suspendre son service, il lui dit avec intérêt :

— Quel est donc le père de cet enfant?

Et la jeune fille de lui répondre naïvement :

— C'est des messieurs que vous ne connaissez pas.

———

Un procédé peu délicat

Nous empruntons cette anecdote aux *Étrennes de Thalie* (1786) :

Mme V***, avant d'entrer à la Comédie-Française, jouait avec succès la tragédie chez le prince de S***. Elle s'était fait une réputation de vertu qu'elle soutenait depuis près de deux années. Les soins de F***, homme aimable et comédien de talent, les hommages des jeunes gens les plus agréables de la cour, les assiduités du maître, rien n'avait pu la fléchir.

Un jour le prince envoie chercher Mme V*** :

. — Vous m'avez résisté, lui dit-il, et vous ne m'en êtes devenue que plus chère. Je renonce au projet de vous plaire, et je viens d'en concevoir un plus digne de vous et de moi. Voyez-vous cette cassette ?

— Oui, prince.

— Eh bien ! cette cassette contient cent mille livres tant en or qu'en bijoux ; c'est un don que je vous fais.

— Mais comment ai-je mérité une telle faveur ?

— Vous êtes vertueuse ; cent mille francs, ce n'est pas trop pour récompenser votre talent et votre honnêteté.

En disant ces mots il portait à ses lèvres les mains, fort belles, de Mme V***, qui, les yeux fixés sur la cassette, résistait mollement. Un baiser plus expressif est ravi. Il ose plus encore, et d'encore en encore, il n'eut plus rien à désirer. La nuit arrive et l'on soupe...

Le jour venu, la cassette s'ouvre ; une paire de mules bleues est tout ce qu'elle contient.

Le prince, en ricanant, les offre à la désolée Melpomène, qui, faute d'autres chaussures, est obligée de s'en servir pour retourner à son logis.

FICHET

C'était un acteur du Vaudeville ; n'ayant [pas voulu accepter un rôle dans une pièce d'Armand Gouffé, l'auteur se vengea du comédien par cette chanson :

Un marchand de colifichet,
Un jour qu'on affichait Fichet,
Dit, voyant Fichet sur l'affiche :
Quoi ! toujours afficher Fichet !
Du public l'affiche se fiche,
Moi, je me fiche de Fichet !

Au marchand de colifichet
Alors, d'un ton poli, Fichet
Dit : De vos cris Fichet se fiche,
Car il faut bien, foi de Fichet,
Lorsque Fichet est sur l'affiche,
Avaler l'affiche et Fichet.

Le marchand de colifichet,
Fichant l'affiche sur Fichet,
Chiffonna Fichet et l'affiche,
Et dit : Fi donc ! fichu Fichet !
Fiche-moi le camp de l'affiche,
Car tu n'es frais qu'au lit Fichet.

Une vengeance de Viennet

Cet auteur, qui redoutait le jugement du comité de lecture du Théâtre-Français, — et pour cause, — avait fait présenter par un de ses amis, très-bien vu du célèbre aréopage, une pièce en vers, *le Préjugé*.

L'ami lit la pièce, qui est refusée à l'unanimité.

Le soir même, M. Viennet rencontre un des membres du comité, qui lui dit d'un air satisfait :

— Nous avons eu une exécution ce matin.

— Ah ! contez-moi donc cela.

— Oui, on est venu nous lire un drame pitoyable ; quelque chose comme les *Deux Forçats*, délayé en cinq actes... ; intrigue nulle, style déplorable...

— En vérité ! Et de qui est cette pièce ?

— L'auteur est inconnu..., quelque niais ! Aussi les boules noires ont roulé...

— Et combien étiez-vous pour ce jugement ?

— Mais nous étions sept ou huit.

M. Viennet pince ses lèvres, et de sa voix la plus mordante :

— Eh bien, je vous enverrai demain huit bottes de foin : invitez de ma part vos collègues à déjeuner.

Un auteur qui eut raison de ne pas désespérer

Scribe commença à peine majeur sa carrière d'auteur dramatique ; ses débuts ne furent pas heureux ; il eut *treize* chutes.

Le jour de la première représentation de sa quatorzième pièce, qui eut le même sort que les précédentes, il disait à son collaborateur Germain Delavigne :

— Quel métier ! J'y renonce. Et, après les *quatre* ou *cinq* plans que nous avons ensemble, je n'en fais plus.

Comment un artiste-amateur se consolait

M. Romieu, — le viveur devenu préfet sous Louis-Philippe, — jouait, en société d'amateurs, le rôle d'Ulysse dans *Iphigénie*.

Comme il s'en tirait fort mal, quelques spectateurs impatientés le sifflèrent.

Et Romieu de s'écrier :

— Voyez-vous ces imbéciles qui me sifflent parce que je n'ai pas de mollets !

Ce qu'Alphonse Royer répondait à une épigramme

Alphonse Royer — un homme charmant doublé d'un homme d'esprit — donnait un grand dîner.

Au champagne, un auteur, peu heureux au théâtre, se lève et porte ce toast :

« A monsieur Alphonse Royer ! s'il ne reçoit pas nos pièces, du moins il nous reçoit admirablement bien ! »

— Monsieur, répond Alphonse Royer, si je recevais vos pièces, je ne pourrais pas si bien vous recevoir.

LEPEINTRE.

Indépendamment de son grand talent d'acteur, Lepeintre aîné tournait le couplet et l'épigramme avec facilité; quant à ses calembours, en voici un échantillon :

Rencontrant Talma qui avait un bouquet à la boutonnière, Lepeintre lui dit :

— Quelle ambition! vous ne vous contentez pas d'être Talma, vous voulez être *fleuri*.

———

On le félicitait sur la manière dont il avait joué le rôle de Dugazon dans *le Duel et le Déjeuner*. Il n'acceptait pas ces éloges, disant que l'acteur qui ressemblait le plus à *Dugazon*, c'était *Vertpré*.

Une de ses camarades des Variétés lui disait un jour qu'elle venait d'acheter une maison de campagne :

— Est-ce avec *terrain?*

———

Il avait un cœur excellent et allait souvent porter son obole à des camarades infortunés, ce qui lui faisait dire un jour — car sa manie du calembour l'emportait sur sa modestie — que partout où il allait il portait l'abondance, puisqu'on y voyait *le pain traîner*, bien qu'il n'aimât que *l'ami*.

———

Une autre anecdote sur Lepeintre, qui vaut mieux que ses calembours :

Un de ses frères — pas celui qui fut connu sous

le nom de Lepeintre jeune — vint à Paris avec sa femme pour jouer aux Folies-Dramatiques.

A leur arrivée, Lepeintre les mène dîner, leur dit-il, chez un ami ; mais, comme à leur arrivée l'ami est absent, il leur fait les honneurs de la maison en leur montrant une petite salle à manger, un salon, une chambre à coucher, une cuisine, plus une cave parfaitement garnie.

— Tout est vraiment confortable, dit le cadet, mais il est temps que notre hôte paraisse.

— L'hôte, c'est vous, dit Lepeintre, et ce petit établissement vous appartient. Puissent vos talents l'embellir et le rendre encore plus confortable !

Une facétie de Grassot

Le régisseur du Palais-Royal avait fait un règlement dans lequel il était dit que tout artiste qui se permettrait un propos inconvenant envers un directeur, un régisseur, un souffleur, un allumeur, etc., serait puni d'une amende suivant la gravité de l'inconvenance.

Un soir, Grassot appelle le régisseur, — il se nommait Coupé, je crois :

— La Coupe ! eh ! La Coupe !

Le fonctionnaire paraît.

Et Grassot de continuer :

— Si je te disais : Tu es un vieux serin, combien aurais-je d'amende? Remarque bien que je ne te le dis pas; mais, si je te le disais, combien ça me coûterait-il?

Le joyeux Grassot ne sut jamais combien ça lui coûterait. M. Coupé s'était retiré pas content du tout.

—

Un auteur de mélodrames disait un jour au foyer de l'Ambigu :

— Il n'y a que moi et Alexandre Dumas qui sachions faire une pièce ; et encore, Dumas ne saura jamais charpenter un drame comme je sais le faire.

— Cela ne m'étonne pas, lui répondit un artiste : pour faire une bonne charpente, il faut d'abord une bûche.

**

Ce qui est le nécessaire à l'Opéra

Le docteur Véron dit que les demoiselles du corps de ballet préfèrent toujours le superflu au nécessaire :

« Le premier emploi que fit l'une d'elles d'un billet de banque, ce fut d'acheter un ananas, un king's charles et un perroquet.

« Une de ces enfants, grande dame depuis l'aube, après m'avoir décrit tout son luxe, agite deux fois de suite sa sonnette; deux domestiques en livrée accourent :

« — Pierre, Jean, leur dit-elle, n'est-ce pas que vous êtes mes domestiques?

« Elle n'avait pas encore de chemises, mais elle avait pris tout de suite deux laquais. »

Ce goût semble partagé par les hommes, si nous en jugeons d'après cette autre anecdote :

« Je remis une pièce d'or à un jeune élève de la danse pour s'acheter des souliers et un chapeau.

« — Je vous remercie bien, me dit-il; je pourrai ainsi m'acheter une canne. »

Un Gavarni

Une lorette — qui s'essaye au théâtre — rencontre un ami :

— Je vous garde un coupon pour Chantereine, jeudi, mon petit Charles : je joue la *Fille d'honneur*.

— Ça sera drôle.

— Tous mes « amis » viennent.

— Ça sera plein.

LISTE ALPHABÉTIQUE DES ARTISTES CITÉS

Armand (François-Huguet), comédien (1699-1765).. 39
Arnould (Sophie), cantatrice (1744-1803)............ 86
Baron (Michel Boyron, dit), comédien (1653-1729).. 13
Beaumesnil (Henriette-Adélaïde Villars, dite), cantatrice (1748-1803)..... 169
Beaupré (Marotte, demoiselle), comédienne........... 26
Bigottini (Mlle), danseuse (1784-1858)......... 196
Boulanger (Marie-Julie Kalligner, dame), cantatrice (1786-1850)......... 216
Bourgoin (Marie-Thérèse-Etiennette), comédienne (1785-1833)......... 202
Brécourt (Guillaume Marcoureau de), comédien (m. 1685)................ 14
Brillant (Marie Lemaignan, dite Mlle), comédienne (1720-1767).......... 51
Brizard (Jean-Baptiste Britard, dit), comédien (1721-1791)................ 156
Brunet (Jean-Joseph Mira dit), comédien (1766-1851). 217
Camargo (Marie-Anne Cupi, dite), danseuse (1710-1770)................ 80
Champmeslé (Marie Desmares, dame), tragédienne (1641-1698)................ 7
Chassé (Claude-Louis-Dominique de), chanteur (1698-1786)................ 99

Chéron (Augustin-Athanase), chanteur (1760-1829). 128
Clairon (Claire-Hippolyte-Josèphe Legris de Latude, dite), tragédienne (1723-1802)................ 57
Clairval (Jean-Baptiste Guignard, dit), chanteur (1737-1795)................ 75
Clotilde (Clotilde-Augustine Malflattrai, dite), danseuse (1776-1826)......... 162
Contat (Louise), comédienne 1760-1813).......... 160
Dancourt (Florent Carton), comédien (1661-1725).. 22
Desessarts (Denis Dechanet, dit), comédien (1740-1793)................ 76
Dominique (Joseph Biancolelli, dit), arlequin (1640-1688) 15
Dorimon (Louis), comédien (1628-1693)............ 10
Dorval (Marie-Amélie-Thomase Delaunay), actrice (1798-1849).......... 222
Duclos (Marie-Anne de Châteauneuf, dite), tragédienne (1670-1748)............ 26
Dufrène (Abraham-Alexis Quinault), tragédien (1690-1767)................ 37
Dugazon (Jean-Baptiste-Henri Gourgaud, dit), comédien (1746-1809).......... 101
Dumesnil (Marie-Françoise), tragédienne (1713-1803) 48
Duthé (Rosalie), danseuse (1752-1820).......... 139

LISTE DES ACTEURS CITÉS

FLEURY (Abraham-Joseph Bénard, dit), comédien (1751-1822).............. 150
GARRICK (David), acteur anglais (1716-1779). 129-177
GAUSSIN (Jeanne-Catherine Gaussem, dite), comédienne (1711-1767).......... 43
GAUTHIER (Marie-Jeanne), comédienne (1692-1757). 105
GEORGES (Marguerite-Joséphine Wemmer, dite), actrice (1787-1867)..... 211
GRANDVAL (François-Charles Racot de), comédien (1710-1784).............. 41
GUIMARD (Marie-Madeleine), danseuse (1743-1816).: 82
LAGUERRE (Marie-Joséphine). cantatrice (1755-1783). 124
LANGE (Anne-Françoise-Elisabeth), comédienne (1772-1825).............. 155
LECOUVREUR (Adrienne), tragédienne (1690-1730).. 34
LEGRAND (Marc-Antoine), comédien (1673-1728).... 31
LEKAIN (Henri-Louis Cain, dit), tragédien (1729-1778).. 66
LEPEINTRE (Charles-Emmanuel), acteur (1785-1854).............. 236
LEVASSEUR (Rosalie), cantatrice................ 99
LEVASSOR (Pierre), acteur comique (1808-1870).... 228
MARS (Anne-Françoise-Hippolyte Boutet, dite), comédienne (1779-1847)... 205
MARTIN (Jean-Blaise), chanteur (1768-1837)..... 192
MAUPIN (N. d'Aubigny, dite), cantatrice (1673-1707). 29

MEZZETIN (Angelo Constantini, dit), acteur (1654-1729). 19
MOLÉ (François-René Molet, dit) comédien (1734-1802)................ 72
MOLIÈRE (Armande-Grésinde-Claire-Élisabeth, dame), comédienne (1645-1700),. 11
MONTFLEURY (Zacharie Jacob, dit), comédien (1601-1667)................ 10
MONVEL (Jacques-Marie Boutet de), comédien (1745-1811)................ 100
PAULIN (Louis), comédien, 1712-1770).......... 138
POISSON (Raimond), comédien (1633-1690)....... 21
PRÉVILLE (Pierre-Louis Dubus, dit). comédien (1721-1799)................ 53
QUINAULT (Jeanne-Françoise), comédienne (1699-1783) 50
RACHEL (Elisa Félix, dite), tragédienne (1821-1858).. 226
RAUCOURT (Françoise-Marie-Antoinette Saucerotte, dite), tragéd. (1756-1815)... 152
SAMSON (Joseph-Isidore), comédien (1793-1871)... 224
TACONNET (Toussaint-Gaspar), comédien (1730-1774). 109
TALMA (François-Joseph) tragédien (1766-1826)... 198
THÉVENARD (Gabriel-Vincent), chanteur (1669-1741).. 80
TRIAL (Antoine), chanteur (1736-1795).......... 183
VESTRIS (Gaetano-Apolline-Balthazar), danseur (1729-1808)................ 156

Paris. — Typographie MOTTEROZ, 31, rue du Dragon — 1875

www.ingramcontent.com/pod-product-compliance
Lightning Source LLC
Chambersburg PA
CBHW060124170426
43198CB00010B/1023